essentials

Essentials liefern aktuelles Wissen in konzentrierter Form. Die Essenz dessen, worauf es als „State-of-the-Art" in der gegenwärtigen Fachdiskussion oder in der Praxis ankommt. Essentials informieren schnell, unkompliziert und verständlich.

- als Einführung in ein aktuelles Thema aus Ihrem Fachgebiet
- als Einstieg in ein für Sie noch unbekanntes Themenfeld
- als Einblick, um zum Thema mitreden zu können.

Die Bücher in elektronischer und gedruckter Form bringen das Expertenwissen von Springer-Fachautoren kompakt zur Darstellung. Sie sind besonders für die Nutzung als eBook auf Tablet-PCs, eBook-Readern und Smartphones geeignet.

Essentials: Wissensbausteine aus Wirtschaft und Gesellschaft, Medizin, Psychologie und Gesundheitsberufen, Technik und Naturwissenschaften. Von renommierten Autoren der Verlagsmarken Springer Gabler, Springer VS, Springer Medizin, Springer Spektrum, Springer Vieweg und Springer Psychologie.

Elke Pohl

Karrierefaktor guter Schlaf

Wie Sie sich zu Höchstleistungen schlummern

Mit einem Geleitwort von Prof. Ingo Fietze und Thea Herold

Elke Pohl
Berlin
Deutschland

ISSN 2197-6708   ISSN 2197-6716 (electronic)
essentials
ISBN 978-3-658-08439-4   ISBN 978-3-658-08440-0 (eBook)
DOI 10.1007/978-3-658-08440-0

Die Deutsche Nationalbibliothek verzeichnet diese Publikation in der Deutschen Nationalbibliografie; detaillierte bibliografische Daten sind im Internet über http://dnb.d-nb.de abrufbar.

Springer Gabler

Gedruckt auf säurefreiem und chlorfrei gebleichtem Papier

Springer Fachmedien Wiesbaden ist Teil der Fachverlagsgruppe Springer Science+Business Media
(www.springer.com)

Was Sie in diesem Essential finden können

- Eine Einführung in die Rolle und die Struktur des Schlafes.
- Eine Darstellung der wichtigsten Schlafstörungen und ihre Auswirkungen.
- Die Bedeutung des Tagesablaufes für einen gesunden Schlaf.
- Warum man sich für Mittagsmüdigkeit nicht schämen muss.
- Was Unternehmen für den gesunden Schlaf Ihrer Mitarbeiter tun (können).

Geleitwort

In den letzten Jahren trat der Schlaf aus seinem Schattendasein. Obwohl er noch immer jede Nacht im Verborgenen von statten geht, holen ihn Wissenschaftler und Mediziner mehr und mehr ins Licht der Öffentlichkeit. Das hat mehrere Gründe. Zum einen ist der menschliche Schlaf ein einzigartiges Phänomen. Er wurde noch vor gar nicht so langer Zeit als „kleiner Bruder des Todes" betrachtet. Dank der Forschung wissen wir inzwischen, dass dem Schlaf damit Unrecht getan wurde und er im Gegenteil eine Voraussetzung für unser Leben ist und genauso unersetzlich ist wie Essen, Trinken und Atmen. Zum anderen bringen die rasanten Veränderungen unserer modernen, globalisierten und digitalen Welt heute unzählige Einflüsse mit sich, die sich negativ auf den Schlaf auswirken. Die Tatsache, dass immer mehr Menschen den Schlaf nicht als Balsam für Leib und Seele betrachten, sondern das Zubettgehen fürchten, ist nicht mehr unter den Tisch zu kehren. Schlafprobleme sind nicht nur ein Thema für den Einzelnen. Sie betreffen auch die Gesellschaft insgesamt. Nicht zuletzt sind sie in ihren Auswirkungen ein Problem für die Arbeitswelt: Denn wer zu wenig schläft, ist tagsüber nicht so leistungsfähig, wie er sein könnte. Dann sind wir unkonzentriert, machen Fehler oder werden krank.

Es gibt also aus gutem Grund ein vitales Interesse daran, dass in unseren Schlafzimmern gut und auskömmlich geschlafen wird. Jeder kann eine Menge tun, damit die Nächte erholsam sind und die Tage ausgeruht und voller neuer Energie angegangen werden. Denn in letzter Instanz liegt die Verantwortung dafür auch bei jedem Einzelnen. Wer glaubt, dass die Pflege des gesunden Schlafes erst auf dem Kopfkissen beginnt, der irrt. In Wahrheit beeinflusst der vergangene Tag die vor uns liegende Nacht – genauso wie die vergangene Nacht den vor uns liegenden Tag prägt. So wie wir unsere Tage verbringen, so werden wir nachts schlafen. Ungelöste Konflikte, aufgestaute Sorgen, Überlastung im Job oder Ärger mit dem

Chef können ebenso für schlaflose Nächte sorgen wie mangelnde Bewegung, ungesundes Essen oder zu viel Alkohol. Alle Parameter eines Tages legen sich zusammen mit uns zu Bett und können uns unter Umständen zur Nachtzeit gehörig quälen.

Wer also den Tag dazu nutzen will aktiv, kreativ und erfolgreich im Job zu sein, der muss ihn zugleich dafür nutzen für die eigene Balance zu sorgen. Ständige Verfügbarkeit bis in die Abendstunden hinein, Arbeit, die mit nach Hause genommen wird, Überstunden in der Firma, immer neue Aufgaben, die man übernimmt oder aufgebrummt bekommt, Zeitnot, Ärger mit Kunden oder Kollegen, Mobbing: All das macht nicht nur den Tag stressig, sondern verfolgt uns bis in die Nacht. Schlechte Nächte verschärfen wiederum die Probleme des folgenden Tages, so dass man unter ungünstigen Bedingungen in einen Hexenkreis gerät, der Gesundheit und Job massiv gefährden kann.

So weit darf und muss es nicht kommen. Das erkennen immer öfter auch gesundheitspräventiv handelnde Unternehmen und sorgen ihrerseits dafür, dass nicht nur die Work-Life-Balance stimmt sondern auch der Wach-Ruhe-Rhythmus ihrer Mitarbeiter im Takt bleibt. Das geschieht aus der einfachen Erkenntnis heraus, dass ausgeschlafene Mitarbeiter mehr leisten und seltener krank sind als übermüdete und gestresste. Und ausgeschlafen ist das Leben einfach am schönsten.

Prof. Ingo Fietze

Thea Herold

Inhaltsverzeichnis

Lob des Schlafes 1

Schlaf ist etwas Wunderbares. Was gibt es Schöneres, als nach einem anstrengenden Tagwerk in köstlichen Schlummer zu fallen und nach Stunden erfrischt und munter zu erwachen? Während rund drei Viertel der Bevölkerung Deutschlands dieses Wunder genießen können, weil sie nicht von Ein- und Durchschlafproblemen und anderen Gemeinheiten gequält werden, plagt sich der Rest hin und wieder, ein Zehntel sogar regelmäßig damit. Doch Schlafstörungen sind nichts Gottgegebenes, kein Schicksal, das man klaglos annehmen muss. Das wäre auch nicht klug. Denn Schlaf ist ein ebenso wichtiges Tagwerk wie viele andere Verrichtungen, die uns beschäftigen. Ohne Schlaf – wer wüsste das nicht – können wir Menschen nicht existieren, ohne erholsamen Schlaf werden wir krank. Zwar gibt es Verfechter der Theorie, dass man keinen stundenlangen Nachtschlaf braucht, auch schon in der Vergangenheit. So kamen etwa der Erfinder Thomas A. Edison und der Politiker Winston Churchill mit deutlich weniger als sechs Stunden Nachtschlaf aus, ohne dass es sich auf ihre Leistungsfähigkeit ausgewirkt hätte. Andere geben sich mit phasenweisen Nickerchen zufrieden, wie Leonardo da Vinci, dem es genügte, alle zwei Stunden für zehn Minuten einzunicken. Und auch heute verweisen nicht wenige Menschen stolz darauf, wenig Schlaf zu benötigen und dadurch mehr als andere arbeiten zu können. Ob sie ihrem Körper und ihrer Gesundheit damit etwas Gutes tun, darf bezweifelt werden. Denn obwohl es kein allgemeingültiges Schlaf-Schema gibt, weil Schlaf etwas ganz Individuelles ist, schläft die Mehrzahl der Menschen sechs und mehr Stunden am Stück, die meisten in der Nacht.

© Springer Fachmedien Wiesbaden 2015
E. Pohl, *Karrierefaktor guter Schlaf*, essentials,
DOI 10.1007/978-3-658-08440-0_1

1.1 Schlaf ist lebensnotwendig

Dass die Nacht zum Schlafen da ist, hat etwas mit unserem natürlichen Tag-Nacht-Rhythmus zu tun. Wenn es kühler wird, wenn Umweltreize wie Licht und Lärm nachlassen, wenn etwa ab 22 Uhr unsere Körperkerntemperatur – die der lebenswichtigen inneren Organe – absinkt und die Schlafhormone ansteigen: Dann stehen alle Signale auf Schlaf. Und die meisten von uns brauchen die sechs bis neun Stunden Auszeit auch dringend, wobei historisch betrachtet die tatsächlich geschlafene Zeit in unserer ruhelosen Welt auf im Schnitt sieben Stunden reduziert wurde, während vor hundert Jahren noch neun Stunden die Regel waren.

▶   Vor allem für die geistige Leistungsfähigkeit und emotionale Erholung ist mindestens sechsstündiger Schlaf unverzichtbar, der Körper gibt sich auch mit weniger zufrieden.

Daher leidet bei Schlafmangel zuerst die Schnelligkeit im Denken und Handeln, danach die Genauigkeit und Konzentration, schließlich das Gedächtnis und am Ende auch die körperliche Kraft. Daher spüren Menschen, die vorrangig geistig tätig sind, Schlafmangel auch früher als eher körperlich Aktive wie Handwerker oder Sportler. Was aber noch viel schlimmer ist: Wer unausgeschlafen ist, schwächt damit sein Immunsystem und wird anfälliger für Infekte (siehe auch Kap. 1). Der Berliner Somnologe (Schlafforscher) Prof. Ingo Fietze, der an der Berliner Charité das Interdisziplinäre Schlafmedizinische Zentrum leitet, erklärt:[1]

> Die durch Schlafmangel verursachte Schwächung des Immunsystems ist vergleichbar mit dem Zustand nach vier bis sechs Stunden Hochleistungssport: Nach einer solchen Anstrengung sind Sportler in einem Zeitfenster von drei bis 72 h anfälliger für Infekte – erst recht, wenn sie zuvor wenig geschlafen haben.

Doch so wichtig die Zeit des Schlummerns auch ist: Es gibt noch weitere Faktoren, die darüber bestimmen, wie ausgeruht und leistungsfähig wir beim Aufwachen sind, vor allem, wie gut wir schlafen. Fietze vergleicht die Schlafstruktur mit dem Fingerabdruck des Menschen, so individuell schlafen wir.[2] Etwa bis zum 22. Lebensjahr bildet sie sich heraus und wird vor allem bestimmt von den beiden Hauptschlafphasen REM-(Traum-)Schlaf und Nicht-REM-(Leicht- Mitteltiefer- und Tief-)Schlaf.

---

[1] Fietze (2009, S. 72–77).

[2] Dito.

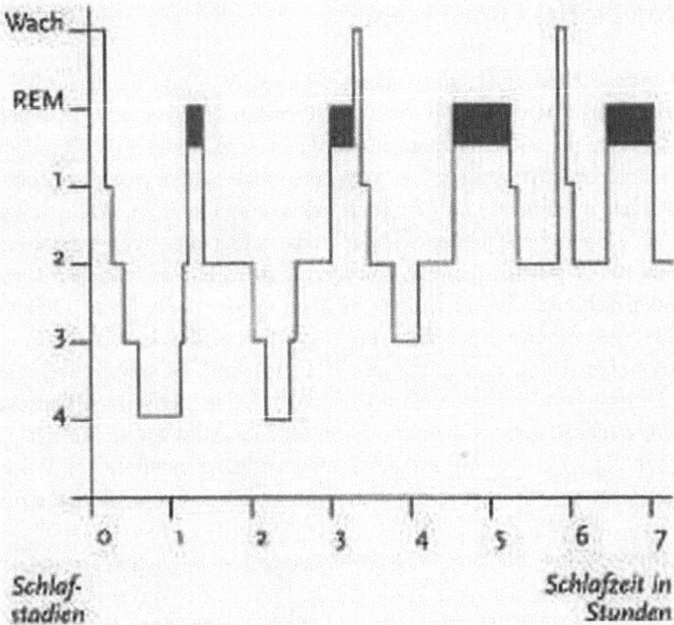

Abb. 1.1 So sieht das idealtypische Schlafprofil (Hypnogramm) eines jungen Erwachsenen aus. Die Leichtschlafstadien sind mit 1 und 2, die Tiefschlafstadien mit 3 und 4 gekennzeichnet. (Quelle: Gesundheitsberichterstattung des Bundes 2005, Heft 27: Schlafstörungen)

Zu Beginn des Nachtschlafes nimmt der Tiefschlaf einen großen Teil der beiden ersten Schlafzyklen ein, gegen Morgen überwiegt der REM-Schlaf. Insgesamt verbringt ein schlafender junger Erwachsener etwa die Hälfte des Schlafes im mitteltiefen Schlaf und je ein Viertel im Tief- und im REM-Schlaf. Mehrfaches kurzes Aufwachen während des Nachtschlafes ist normal und wird morgens meist nicht erinnert (siehe Abb. 1.1).[3]

Während der Traumschlaf vor allem der psychischen Erholung dient, bringt uns der Tiefschlaf körperlich auf Vordermann. Und es passiert jede Menge im Schlaf: die Energiespeicher des Gehirns werden aufgefüllt, das Immunsystem regeneriert, Gedächtnisinhalte werden verarbeitet, verworfen und gespeichert.

---

[3] Robert-Koch-Institut (2005, S. 8).

1.2 Von Lerchen und Eulen

Wer tagsüber arbeiten muss, muss nachts schlafen. Wer tagsüber gut arbeiten will, muss nachts gut schlafen. Und er muss tagsüber dafür sorgen, dass der Nachtschlaf gelingt. Das ist eine einfache, wenn auch folgenreiche Erkenntnis. Denn anders als viele annehmen, reicht es nicht aus, sich eine halbe Stunde vor dem Zubettgehen mit beruhigenden Ritualen auf den Schlummer vorzubereiten. Das ist zwar wichtig, aber im Grunde entscheiden wir den ganzen Tag über, wie gut wir nächstens ruhen. Wie bitte? werden jetzt viele fragen und behaupten, tags wird gearbeitet und nachts geschlafen. Das stimmt – und auch wieder nicht. Denn auch wenn der Nachtschlaf wesentlich zur geistigen und körperlichen Fitness beiträgt: Er ist längst nicht der einzige „Hänger", den wir uns im Laufe von 24 h leisten, wenn auch der längste. Entsprechend seiner inneren Uhr macht jeder Mensch mehrere Aufs und Abs durch, wechselt entsprechend von körperlicher Aktivität zu Phasen, in denen er Ruhe benötigt. Nur wer diesen seinen eigenen, ganz persönlichen Wach-Ruhe-Rhythmus kennt und akzeptiert, kann auch seine eigene Schlaf-Balance finden.

> ▶ Dafür müssen Schlaf und Ruhezeiten in unserem Bewusstsein das werden, was sie wirklich sind: keine lästige Pflicht oder vertane Zeit, sondern notwendige, das Leben überhaupt erst ermöglichende Pausen im hektischen Leben.

Wer also nach dem Mittagessen todmüde ist und das Bedürfnis nach einem Nickerchen hat, der muss sich keine Gedanken machen, dass mit ihm etwa nicht stimmt: Im Gegenteil: Der Mittagshänger ist normal, ebenso wie ein Vormittags-und ein Nachmittagshänger (siehe Abb. 1.2). Etwa alle vier Stunden will uns Morpheus in die Arme nehmen. Nur lassen die meisten Menschen dieses natürliche Absinken der Leistungsfähigkeit nicht zu, und unsere Unternehmenskulturen sind ebenfalls noch längst nicht darauf eingerichtet, individuell getaktete Pausen zum Regenerieren zuzulassen.

Nun ist ebenso klar, dass es während der Arbeit nicht dreimal am Tag kollektive Schlafpausen geben kann, um alle Ruhebedürfnisse komplett zu befriedigen. Aber ein Klima, in dem kurze Abschaltphasen von Mitarbeitern nicht kriminalisiert werden, wenn sie nicht gerade in ein wichtiges Meeting fallen, würde schon helfen. Und helfen würde zum Beispiel auch, wenn wichtige Meetings eben nicht nach dem Mittagessen stattfinden, wenn die meisten Mitarbeiter mit dem „Suppenkoma" zu kämpfen haben, sondern am Morgen, wenn die meisten Menschen gut drauf sind.

Abb. 1.2 Spätestens jetzt sollte eine Pause eingelegt werden, in diesem Fall mit ein paar Dehnungsübungen. (Foto: www.corporate-moove.de)

Wie der persönliche 24-h-Rhythmus beschaffen ist – Prof. Fietze und seine Co-Autorin Thea Herold, Mitbegründerin der Berliner Schlafakademie[4], haben in ihrem Buch den Begriff des Schlafquotienten in Anlehnung an IQ und EQ kreiert[5] – hängt wesentlich auch davon ab, welcher Chronotyp man selbst ist: Unterschieden wird zwischen den „Lerchen" – den Frühaufstehern –, den „Eulen" – den Nachtschwärmern – und den Intermediärtypen, die irgendwo dazwischen liegen. Thea Herold, selbst Mutter zweier Kinder, erklärt bei einem Gespräch:

Jugendliche durchlaufen in der Pubertät fast alle den abendlichen Chronotyp der „Eulen", was leider viel zu oft weder die Eltern noch sie selbst wissen. Das erklärt, warum sie morgens nicht aus dem Bett und abends nicht zur Ruhe kommen. Sie können nichts dafür, und der Kampf der Eltern ums abendliche Zubettgehen und morgendliche zeitige Aufstehen ist daher praktisch zum Scheitern verurteilt.

Beispiel

Intermediäre machen folgende Leistungsschwankungen im Verlauf eines Tages durch (bei Lerchen und Eulen verschieben sie sich entsprechend):

- Aufstehen 6 Uhr
- 6 bis 9 Uhr: geistige Fitness
- 9 bis10 Uhr: Vormittagstief
- 10 bis 12 Uhr: geistige Fitness höher als körperliche

---

[4] Schlafakademie Berlin. Ein Projekt von Somnico – Privates Institut für Schlafmedizin GmbH; www.berliner-schlafakademie.de.

[5] Fietze und Herold (2006).

- 12 bis 14 Uhr: Mittagstief
- 14 bis 16 Uhr: körperliche Fitness
- 16 bis 18 Uhr: Nachmittagstief
- 18 bis 20.30 Uhr: geistige und körperliche Fitness
- ab 21.30 bis 24 Uhr: Nachtschlaf (6 bis 8,5 h)

Diesem Schwanken zwischen Aktivität und Ruhe, zwischen Anspannung und Entspannung kann sich niemand wirklich entziehen. Menschen sind „Pausenwesen" und vom Beginn ihres Lebens an „chronobiologisch getaktet", wie es Schlaf- und Pausen-Expertin Thea Herold bezeichnet. Ohne ausreichend Pausen – tagsüber und nachts – leisten wir nicht mehr, wie man vermuten könnte, sondern weniger, zumindest auf längere Sicht. Allerdings sind viele Menschen in ihrem beruflichen Leben gar nicht in der Lage – oder glauben, nicht dazu in der Lage zu sein –, regelmäßige Pausen zu machen, um so in Frieden mit ihrem 24-h-Rhythmus leben zu können. Das beginnt schon damit, dass heute praktisch jeder überall und zu jeder Zeit arbeiten kann, wenn er nur Licht und einen Internetanschluss hat. Dank Smartphone und Laptop ist man jederzeit verfügbar und online. Das Tagwerk wird nicht – wie zu früheren Zeiten üblich – durch die einsetzende Dunkelheit beendet bzw. in die Ruhephase übergeleitet. Noch vor 20 Jahren hat man am Ende des Arbeitstages die Bürotür geschlossen und ist nach Hause gegangen. Dort war man Privatperson und konnte abschalten. Ganz anders heute: Die wachsende Mobilität, Reisen durch mehrere Zeitzonen mit dem entsprechenden Jetlag, Schichtarbeit, Wochenendarbeit am besten rund um die Uhr tragen nicht dazu bei, ausgeglichen und ruhig der Nachtruhe entgegen zu sehen. Denn am Ende kann die Rechnung teuer werden, wie Thea Herold meint:

Wer ohne Rücksicht Schlafschulden aufnimmt, wird von seiner Gesundheit bald zur Kasse gebeten.

▶ Der Chronotyp eines Menschen ist angeboren. Wer also rechtzeitig nach Ende der Pubertät merkt, ob er Lerche oder Eule ist, der sollte als junger Mensch wenn möglich seine Berufswahl darauf ausrichten. Denn Eulen werden höchstwahrscheinlich als Bäcker mit Aufstehzeiten gegen 3 oder 4 Uhr ebenso wenig glücklich und erfolgreich sein wie Lerchen, die in einer Nachtbar arbeiten und bis weit nach Mitternacht fit sein müssen. Während man aus einem Kurz- keinen Langschläfer und umgekehrt machen kann, so kann es doch bei manch einem gelingen, sich von einer Eule zur Lerche zu entwickeln und umgekehrt.

1.3   Gute Nacht!

Es gibt eine Reihe von Mythen über den Schlaf, die sich hartnäckig halten, aber falsch sind. Dazu zählen:

Acht Stunden Schlaf sind die Norm Der Schlafbedarf des Menschen ist nicht nur von Person zu Person, sondern auch individuell unterschiedlich. Es gibt keine allgemein gültigen Regeln. Wer sich auf irgendeine Zahl festlegt, bringt sich nicht nur um seine Gemütsruhe tagsüber, sondern auch nachts um den Schlaf.

Ältere Menschen brauchen mehr bzw. weniger Schlaf als früher Allerdings verschiebt sich einiges im Alter. Der Schlaf wird störanfälliger, häufiger unterbrochen, der Tiefschlaf- und Traumanteil sinkt tatsächlich. Doch dieses scheinbare „Defizit" wird meist durch ein Nickerchen am Tage ausgeglichen, so dass am Schluss sogar noch mehr Gesamt-Schlaf übrigbleibt.

Anstrengung vor dem Zubettgehen macht müde Das wurde bereits besprochen. Sowohl seelische Belastungen als auch geistige Aktivitäten lassen den Organismus eher „überdrehen" und verzögern die Einschlafneigung. Deshalb generell 4 bis 6 h entspannende Zwischenzeit einschalten (den Tag ausklingen lassen, also ruhig „vertrödeln", siehe Abb. 1.3).

Sexuelle Aktivitäten führen zu Einschlafstörungen Das Gegenteil ist richtig. Befriedigende (!) sexuelle Kontakte machen schon physiologisch angenehm müde und erleichtern das Einschlafen.

Abb. 1.3 Leichte körperliche Betätigung tagsüber kann den Schlaf wesentlich befördern. Allerdings sollte man sich nicht unmittelbar vor den Schlafengehen verausgaben. (Foto: www.corporate-moove.de)

Nach einer schlechten Nacht soll man am nächsten Morgen etwas nachdämmern Auch nach einer unbefriedigenden Nacht soll man am nächsten Morgen zur gewohnten Zeit aufstehen und sein Tagwerk beginnen, als wäre nichts geschehen. Das Grübeln über die schlechte Nacht zermürbt mehr als das vermeintliche Schlafdefizit.

Wer länger zum Einschlafen braucht, soll halt früher zu Bett gehen Dadurch kann man das Einschlafen auch nicht erzwingen und es gleicht sich damit gar nichts aus. Im Gegenteil, man wird nur immer verdrießlicher, was „nervlich" mehr belastet als alles andere. Zu Bett geht man, wenn man müde ist, und zwar zu seiner Zeit.

Wenn man nachts aufwacht und dann das Bett verlässt, wird man nur noch wacher Wer nach etwa 20 min nicht mehr einschlafen kann, sollte das Bett verlassen und einen anderen Raum aufsuchen, es sei denn man kann 1–2 h Wachheit im Bett auch genießen. Alles, was jetzt geschieht, sollte auf Entspannung und Schlaf-Überleitung ausgerichtet sein, wie beruhigende Musik, einschläfernde Lektüre, gedämpfte Lichtverhältnisse usw.

Nach einer schlechten Nacht ist man zu nichts mehr in der Lage Ein gelegentlich schlecht geschlafene oder zu kurze Nacht gleicht der Körper bald wieder aus.

Wenn man eine Weile mal nicht mehr schlafen kann, helfen nur noch Tabletten Tabletten sollten nur im Notfall, anfangs keinesfalls regelmäßig und wenn, dann nur unter ärztliche Aufsicht, eingenommen werden. Mit begleitender ärztlicher Beratung können sie bei Bedarf dauerhaft eingenommen werden und es ist eine Umstellung bei Wirkungsverlust möglich.

Tipps für eine erholsame Nachtruhe hat bestimmt Jeder schon wiederholt bekommen oder gelesen. Wie aber kann man – auch nach einem stressigen, vielleicht sogar unerfreulichen Tag – selbst dafür sorgen, dass Morpheus schneller seine schützenden Arme über einen breitet? Außer dem eben schon gesagten gehören dazu:

- Die Menge der zu bewältigenden Arbeit tagsüber realistisch einschätzen und sich nicht zu viel vornehmen. Einen Abschluss schaffen, indem man etwa Ordnung auf dem Schreibtisch macht oder Werkzeuge wegräumt.
- Nach 14 Uhr keinen Kaffee, keinen schwarzen Tee und keine Cola trinken. Abends nur leichte Kost zu sich nehmen (siehe Abb. 1.4).

Abb. 1.4 Kalorienbewusste, gesunde Ernährung ist in vielerlei Hinsicht empfehlenswert. Auch Schlafprobleme kann man vermeiden, indem man abends auf fette, schwere Nahrung verzichtet. (Foto: www.corporate-moove.de)

- Appetitszügler und Alkohol regen das Nervensystem an und stören den Schlaf. Alkohol lässt einen zwar besser einschlafen, fördert aber aufgrund des „Absetzeffekts" das Aufwachen in der zweiten Nachthälfte.
- Autogenes Training oder progressive Muskelrelaxation sind zwei Entspannungstechniken, die bei Schlafstörungen immer zur gleichen Zeit angewendet werden sollten.
- Möglichst immer zur gleichen Zeit ins Bett gehen, auch am Wochenende. Wer schon Probleme hat, sollte das Bett erst aufsuchen, wenn er richtig müde ist.
- Nachts nicht auf die Uhr sehen!
- Jede Aktivität im Bett – außer Sex – ist verboten. Also: Kein Fernsehen, kein Radiohören, es sei denn, sie gehören zu denjenigen, bei denen diese Medien entspannend und einschlaffördernd sind.
- Die Schlafumgebung sollte zum Wohlbefinden des Schläfers beitragen. Die meisten Menschen mögen es dunkel, kühl, leise und ordentlich.

▶ Wenn diese einfachen und für jeden gut anwendbaren Techniken keinen Erfolg bringen, sollte unbedingt ein Schlafmediziner zu Rate gezogen werden.

1.4 Gestörter Schlaf

Mehr als 80 verschiedene Schlafstörungen unterscheiden die Somnologen. Die Ursachen reichen von Umwelteinflüssen über verhaltensbedingte Faktoren bis hin zu so genannten intrinsischen Störungen, die aus dem Organismus kommen. Letztere können genetisch bedingt oder erworben sein.

Unabhängig von der Ursache liegt allen störenden Einflüssen auf den Schlaf ein zentraler Wirkmechanismus zugrunde: Die Kontinuität der Schlafzyklen wind gestört und die Anteile der verschiedenen Schlafstadien verändert. Wird die Architektur des Schlafes derart gestört, werden auch die an die Schlafstadien gebundenen Funktionen wie Muskeltonus, Atmung, Herzschlag etc. beeinflusst, was die Schlafqualität zusätzlich mindert. Die reine Schlafdauer steht nur bei einigen Schlafstörungen im Vordergrund.[6]

Wie auch immer der Schlaf beeinträchtigt ist: Zu wenig Schlaf stört auf Dauer nicht nur das Wohlbefinden, sondern macht krank und betrifft daher auch die Unternehmen. Im nächsten Kapitel (Kap. 2) werden die Auswirkungen von Schlafstörungen näher beleuchtet, in Kap. 5 berichten einige Unternehmen darüber, wie sie das Thema Schlaf im Rahmen ihres Betrieblichen Gesundheitsmanagements anpacken.

Nach der Symptomatik werden folgende Formen von Schlafstörungen bzw. Schlaf-Wach-Störungen unterschieden:

Insomnien Hierunter werden alle Ein- und Durchschlafstörungen und das frühzeitige Erwachen zusammengefasst. Sie sind entweder angeboren und beginnen bereits in der Kindheit bzw. Jugend oder sie sind psychophysiologisch bedingt, mit schleichendem oder plötzlichem Beginn mit oder ohne Auslöser. Selten handelt es sich um eine paradoxe Insomnie, Betroffene sind davon überzeugt nicht richtig zu schlafen, was zu Ängsten und Schlafmittelmissbrauch führen kann. Sekundäre Insomnien haben eine konkrete Ursache wie Schmerzen oder Tinnitus oder Juckreiz.

Schlafbezogene Atmungsstörungen Das ist der Überbegriff für eine Reihe von Erscheinungen, bei denen der Schlaf die Störung induziert, was Veränderungen im Organismus zur Folge hat, die wiederum den Schlaf stören, da sie im Nervensystem Alarmsignale auslösen. Häufigste Form ist die obstruktive Schlafapnoe. Grob gesagt werden durch erschlaffende Muskeln im Rachen die Atemwege blockiert, die Lunge wird nicht belüftet, der Kohlendioxidgehalt des Blutes steigt. Ein Zusammenhang zu Übergewicht und Bluthochdruck existiert.

Hypersomnien Diese Schlafstörungen verursachen trotz scheinbar ausreichender Schlafdauer gravierende Tagesmüdigkeit und -schläfrigkeit. Ihnen liegt gemeinsam zugrunde, dass sie nicht durch Atmungsstörungen verursacht werden. Zu den häufigsten Hypersomnien zählt die Narkolepsie, die trotz oft normalen nächtlichen Schlafes mit exzessiver Tagesschläfrigkeit sowie der Neigung zu plötzlichen Stürzen (Kataplexie) verbunden ist.

---

[6] Robert-Koch-Institut (2005, S. 9).

Störung des zirkadianen Rhythmus Hierunter fallen alle Störungen des natürlichen Schlaf-Wach-Rhythmus, vornehmlich ausgelöst durch Jetlag, Zeitzonenwechsel, Schichtarbeit oder Hospitalisierung. Das vorverlagerte und verzögerte Schlafphasensyndrom sind weitere Formen.

Parasomnien Diese Schlafstörungen bezeichnen alle motorischen und anderen Aktivitäten während der Nacht, wie Schlafwandeln, Umsichschlagen, Zähneknirschen, Reden, Schreien oder auch bestimmte Formen des Einnässens. Betroffenen nehmen ihre nächtlichen Exzesse meist nicht wahr, so dass die Schlafqualität nicht zwingend beeinträchtigt sein muss. Allerdings kann es ich oder andere gefährden, weshalb sie ebenfalls behandelt werden sollten.

Schlafbezogene Bewegungsstörungen Die bekannteste Störung in dieser Gruppe sind die ruhelosen Beine (Restless Legs Syndrom). Dabei treten meist abends und in Ruhe quälende Empfindungen an den Beinen auf, wie Kribbeln oder Ziehen, die sich durch Bewegung der Beine mindern lassen, aber sofort wieder auftreten, wenn die Beine ruhig liegen. Der Bewegungsdrang verhindert das Einschlafen. Periodische Beinbewegungen während des Schlafes können dessen Qualität zusätzlich stören.

1.5 Schlaf und Lebensalter

Im vorigen Abschnitt wurde schon kurz darauf hingewiesen: So grundlegend, wie immer behauptet, unterschieden sich Schlafbedürfnis und Schlafverhalten von jungen und älteren Erwachsenen nicht. Etwa im Alter von 16 Jahren finden die meisten Menschen ihre ideale Schlafdauer, die sich später nur noch geringfügig verkürzt. Während Säuglinge im Schnitt 16 h und länger schlagen, nimmt die Zeit mit fortschreitendem Alter ab und beträgt als Erwachsener laut einer Umfrage aus dem Jahr 2004[7] im Mittel 7 h und 14 min. Alte Menschen schlafen in der Regel nicht weniger, sondern ihr Schlaf ist durch weniger Tiefschlaf charakterisiert.

Auch die Nickerchen am Tage nehmen im höheren Lebensalter zu und führen dann mit einer möglichen – oft als beunruhigend erlebten – kürzeren Nachtschlafzeit letztlich zu mehr Gesamtschlafzeit als in jüngeren Jahren.

---

[7] Meier (2004, S. 87–94).

Dagegen ist nichts einzuwenden, wenn man die kürzere Nachtschlafzeit akzeptiert und sie nicht durch entsprechende Medikamenteneinnahme gleichsam gewaltsam zu verlängern sucht. Denn das ganze ist ein Wechselspiel, das vom sogenannten Schlafdruck gesteuert wird. Und der hängt natürlich von Qualität und Quantität des Gesamtschlaf-Angebots ab. Mit anderen Worten: Die Nachfrage sollte das Angebot steuern. Und letzteres sollte keinesfalls krampfhaft verlängert werden.

Wer also über nächtliche Schlafstörungen klagt, kann sie, sofern möglich durch ein Nickerchen am Tage spürbar reduzieren. Wer aber deswegen nachts nicht oder nur erschwert einschlafen kann, der sollte es eher sein lassen.

Auswirkungen von Schlafstörungen 2

Wenn es zu anhaltenden Schlafdefiziten, schweren chronischen Schlafstörungen und schlafmedizinischen Erkrankungen kommt, wird die Erholungsfunktion des Schlafes behindert. Betroffene fühlen sich zunächst unwohl, sind leicht reizbar und tagsüber schläfrig. „Ihre Leistungsfähigkeit wird messbar reduziert, die Konzentrationsleistung lässt nach, Reaktionszeiten werden länger und Fehlreaktionen häufen sich. In einer hoch entwickelten Industrie- und Informationsgesellschaft können daraus für alle schwerwiegende Risiken erwachsen. Denn mit der Verbreitung der neuen Technologien nehmen zumeist die Anforderungen an physische Leitungen ab, während die Anforderungen an langandauernde Konzentrationsleistungen am Arbeitsplatz steigen."[1]

Experimente haben gezeigt, dass schon relativ geringe, aber andauernde Schlafdefizite ähnliche Auswirkungen auf physiologische (organische) Parameter sowie auf kognitive (geistige) und psychomotorische (Bewegungen, die psychisch bedingt sind) Leistungen haben wie ein kompletter Schlafentzug. Die Betroffenen nehmen die Auswirkungen andauernder Schlafdefizite allerdings wesentlich weniger wahr. Daher stellt sich die Frage, wie sich anhaltend schlechter Schlaf auf die Gesundheit von Menschen und auf ihre Leistungsfähigkeit auswirkt bzw. welche Folgen die Unternehmen daraus zu tragen haben.

---

[1] Robert-Koch-Institutg (2005, S. 12).

© Springer Fachmedien Wiesbaden 2015
E. Pohl, *Karrierefaktor guter Schlaf,* essentials,
DOI 10.1007/978-3-658-08440-0_2

2.1 Schlechter Schlaf macht Körper und Seele krank

Der Schlaf ist für den ganzen Menschen, was das Aufziehen für die Uhr.

Mit diesem Satz hat der Philosoph und Querdenker Arthur Schopenhauer schon im 19. Jahrhundert intuitiv erfasst, was es mit dem Mysterium Schlaf, dem wir Menschen uns ein Drittel unseres Lebens hingeben, auf sich hat: Nicht nur Gehirn und Geist erholen sich in diesen dunklen Stunden, auch der Körper braucht sie, um gesund funktionieren zu können. Damit war er seiner Zeit weit voraus, denn erst seit den 1930er Jahren befasst sich die westliche Wissenschaft mit der Erforschung und Erklärung des Schlafes.

Jüngere Forschungen kommen zu der Überzeugung, dass schlechter oder mangelnder Schlaf bestimmte Erkrankungen wie Übergewicht oder Diabetes begünstigt und das Immunsystem schwächt, so dass die Anfälligkeit gegenüber Infekten steigt. Umgekehrt beeinflussen auch ein veränderter Stoffwechsel oder ein Erreger, gegen den das Immunsystem kämpfen muss, die Qualität des Schlafes. Zwischen Stoffwechsel, Immunsystem und Schlaf gibt es einen Zusammenhang, sie stehen in einem unerlässlichen regulatorischem Gleichgewicht.[2] Rund 700.000 € werden nach Auffassung von Experten pro Jahr allein für Therapie, Pflege und Rehabilitation von Schlafstörungen ausgegeben – oft aufgrund unzureichender Diagnosen sogar umsonst. Die Folgeerkrankungen, die sich ergeben können, sind in diese Berechnung noch nicht einmal einbezogen. Häufigste Folgeerkrankung ist der Bluthochdruck, insbesondere bei der Kombination von kurzer Schlafdauer und verminderter Schlafqualität.

Dass Schlaflosigkeit dick machen und zu Diabetes führen kann, hängt damit zusammen, dass unser Stoffwechsel nach unruhigen Nächten verändert ist. Schlaf und Hungergefühl hängen unmittelbar zusammen. Schlafmangel beeinträchtigt die Appetit- und Sättigungskontrolle im Gehirn.

Schläft man zu wenig, bedeutet das Stress für das Gehirn und es reagiert. Vor allem die Hormone Ghrelin, Leptin, Insulin und Glukagon spielen dabei eine Rolle. Ghrelin, das für das Hungergefühl verantwortlich ist, signalisiert einen leeren Magen, was dem Gehirn Hunger signalisiert – obwohl das gar nicht stimmen muss. Leptin übermittelt dem Körper Informationen über die Energiereserven des Körpers. Sinkt der Spiegel ab, vermutet das Gehirn, dass ein Angriff auf die Fettreserven läuft und will sie auffüllen. Das führt zu einer Verstärkung des Hungergefühls. Insulin und Glukagon schließlich, die den Blutzuckerspiegel regulieren, werden zu viel bzw. zu wenig produziert, was zu einem verminderten Abbau von Fettgewebe führt und letztlich zu einer Insulinresistenz der Zellen und zu einem Diabetes mellitus.

Folgeerkrankungen von Übergewicht lassen bei Betroffenen oft nicht lange auf sich warten oder sind zumindest wahrscheinlich. Zu den häufigsten zählt Diabetes,

---

[2] Pollmächer (2009, S. 20–25).

Ursachen der Berufsunfähigkeit

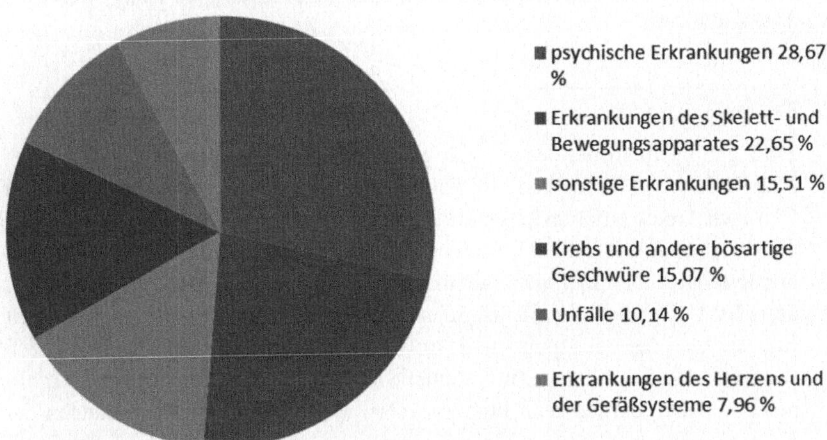

Abb. 2.1 Fast ein Drittel der Menschen, die ihren Beruf nicht mehr ausüben können, sind psychisch krank, Tendenz steigend. Schlafprobleme können Vorboten, Auslöser oder Begleiterscheinung einer kranken Seele sein. (Quelle: Morgen & Morgen, Stand: April 2013)

Bluthochdruck, erhöhte Blutfettwerte – alles wiederum Ursachen für weitere Herz-Kreislauferkrankungen. Welcher volkswirtschaftliche Schaden allein dadurch entstehen, dass Menschen ihren Beruf nicht mehr ausüben, sondern auf eine Rente angewiesen sind, zeigt Abb. 2.1. In diese Zahlen sind noch nicht die Kosten eingerechnet, die Unternehmen und Krankenkassen für Krankschreibungen auszugeben haben. Dabei wird geschätzt, dass die indirekte Kosten durch Krankheitsfehltage, Leistungsabfall und Produktivitätsverlust etwa drei- bis fünfmal so hoch sind wie die Kosten für die medizinische Behandlung und Medikamente.

Neben körperlichen Folgen leidet auch die Seele häufig unter fehlendem oder schlechtem Schlaf. Betroffene fühlen sich ab einem bestimmten Punkt dem Alltag nicht mehr gewachsen, bauen immer größere Versagensängste auf und können unter dem Druck schließlich zusammenbrechen. Eine Entwicklung, die oftmals eng mit dem Burnout-Syndrom zusammenhängt. Was mit Schlafstörungen beginnt, endet für viele Betroffene im sozialen und beruflichen Aus, weil die hohen Anforderungen des beruflichen Alltags nicht mehr gemeistert werden können. Bei verantwortungsvollen Berufen, die Überwachungs- oder Steuerungstätigkeiten beinhalten, kann eine chronische schlafmedizinische Erkrankung für Betroffene und deren Umfeld sogar lebensgefährlich werden (siehe auch Abschn. 2.2 zum Sekundenschlaf).

Psychische Krankheiten sind unabhängig von der konkreten Ursache dramatisch auf dem Vormarsch. Meist spielen mehrere Ursachen eine Rolle, wenn die Seele krank wird.

> **Beispiel**
>
> 2013 gab es allein bei der größten gesetzlichen Krankenkasse, der Techniker Krankenkasse (TK) rund 55.000 Fälle depressiver Episoden, die im Schnitt zu 59 Tagen Arbeitsunfähigkeit geführt haben – nach den Atemwegserkrankungen die Nummer 2, was die Fehlzeiten betrifft. Seltener, aber schwerwiegender sind rezidivierende Depressionen, die immer wiederkehren und dazu geführt haben, dass 2013 12.000 Fälle mit im Schnitt 90 Tagen Krankschreibung behandelt wurden. Und die Belastungs- und Anpassungsstörungen – im Volksmund auch Burnout genannt – liegen an Nummer vier der „Hitliste". Psychische Krankheiten nehmen bereits zehn Prozent Anteil an den Krankengeldzahlungen der TK ein, Tendenz steigend.

Die Ursachen dafür sind vielschichtig. Die Diagnostik hat sich verbessert und auch bei Menschen mit unspezifischen Symptomen erkennen die Ärzte heute häufiger, dass eine kranke Psyche die Ursache ist oder sein kann. Zudem gibt es das Stigma früherer Zeiten nicht mehr, im Gegenteil, psychische Krankheiten sind gesellschaftlich anerkannt oder sogar prominent, wie die Zunahmen nach Fällen wie dem Fußballprofi Sebastian Deisler zeigen. Natürlich liegen Ursachen für Fehlbelastung, seelische Erschöpfung und letztlich Schlaflosigkeit in der Arbeitswelt mit ihren verdichteten Anforderungen, der schwindenden Grenze zwischen Arbeit und Freizeit und den sich auflösenden Strukturen in Unternehmen. Zu den Hauptbetroffenen gehören Menschen in Dienstleistungsberufen, die häufig mit unzufriedenen Kunden konfrontiert sind, wie Call-Center-Agenten, Gastronomen und Erzieher. Aber auch Pendler, Zeitarbeiter, Arbeitslose und Menschen in Teilzeitjobs – hier vor allem Männer, die ihrer Funktion als ‚Familienernährer' nicht mehr gerecht werden – sind besonders betroffen. Viel hängt an der Unternehmenskultur und am Führungsstil, nicht nur an der Menge an Arbeit. Firmen, in denen Mitarbeiter unter anderem genügend Handlungsspielräume haben und Wertschätzung erfahren und wo effizientes Gesundheitsmanagement betrieben werde, sind da im Vorteil. Daneben aber spielt die familiäre und private Situation von Menschen eine große Rolle. Familien und Beziehungen halten längst nicht mehr so lange wie früher und bieten nicht mehr die gleiche Sicherheit. Wer von einem stressigen und ungeliebten Job nach Hause kommt und dort keinen gesunden Ausgleich findet, der sei – abhängig natürlich von der Grundkonstitution – eher der Gefahr ausgesetzt, seelisch krank zu werden.

2.2 Gefahr Sekundenschlaf

Wer in der Nacht schlecht oder zu wenig schläft, muss tagsüber häufig mit Müdigkeit bis hin zu Schläfrigkeit kämpfen. Nicht nur im Straßenverkehr sind Unfälle wegen Tagesschläfrigkeit – so genannter Sekundenschlaf – häufig. Auch am Arbeitsplatz können die Attacken zu Unfällen und Gefährdung der eigenen Gesundheit sowie der von anderen Menschen führen.

▶ Unter Sekundenschlaf versteht die Wissenschaft eine Schlafepisode, die aus Wachheit heraus entsteht und nur wenige Sekunden anhält. Mikroschlaf-Episoden, wie das Phänomen auch genannt wird, sind verbunden mit exzessiver Schläfrigkeit tagsüber. Sie können die Fähigkeit, auf neue Reize zu reagieren bzw. nicht hochgradig geübte Reaktionen fortzusetzen, erheblich beeinträchtigen. Demgegenüber können automatisierte Verhaltensweise noch in gewissem Umfang ausgeführt werden, solang kein Übergang in den mitteltiefen Schlaf erfolgt. Mikroschlaf kommt bei gesunden Personen nach Schlafentzug vor oder bei Patienten mit schlafmedizinischen Erkrankungen, die unbehandelt mit ausgeprägter Hypersomnie einhergehen wie beispielsweise Narkolepsie, obstruktive Schlafapnoe und periodische Extremitätenbewegungen im Schlaf.[3]

Die Zahlen vor allem im Straßenverkehr sind alarmierend: Rund 17 % aller Autofahrer, brachte eine Umfrage der European Sleep Research Society zutage, sind in den letzten zwei Jahren mindestens einmal am Steuer ihres Autos eingeschlafen.[4] Die Folgen kann man sich ausrechnen. Studien zeigen, dass etwa jeder fünfte Unfall durch Müdigkeit ausgelöst wird. Schlafzeiten unter sechst Stunden sind extrem gefährlich: Nach 17 h ohne Schlaf sinkt die Reaktionsfähigkeit des Menschen rapide ab. Thomas Paulsen erklärt es so:

> Die Reflexe sind dann vergleichbar mit jenen bei einem Blutalkoholwert von 0,5 Promille. Wer also seinen Tag um sechs Uhr beginnt, mit dem Auto zur Arbeit fährt und sich abends noch mit Freunden trifft, muss gar keinen Alkohol trinken, um sich und andere bei der Heimfahrt gegen Mitternacht zu gefährden.

Noch riskanter sind lange Autobahnfahrten, weil es hier oft stundenlang geradeaus geht, ohne dass der Autofahrer viel tun muss. Auch hier einige statistische Zahlen von der Bundesanstalt für Straßenwesen (BASt): Demnach ereignen sich auf

---

[3] Peter et al. (2007).
[4] Paulsen (2014, S. 44.45).

deutschen Autobahnen jährlich über 7000 Unfälle mit Personenschaden, bei denen der Fahrzeugführer mit seinem Fahrzeug von der Fahrbahn abkommt. Neben dem Verlust der Kontrolle über das eigene Fahrzeug infolge nicht angepasster Geschwindigkeit oder infolge eines Konflikts mit einem anderen Fahrzeug wird ein großer Teil dieser Unfälle durch Unaufmerksamkeit, Ablenkung oder Müdigkeit verursacht.

Dazu Schlafmediziner Prof. Ingo Fietze:

> Grundsätzlich gilt: Wer ausgeruht ist, hat auch auf solchen Strecken kein Problem. Aber je müder der Autofahrer ist, desto größer wird die Monotonie-Intoleranz. Das heißt: Je langweiliger eine Betätigung, desto größer wird die Gefahr einzuschlafen.[5]

Laut der portugiesischen Schlafgesellschaft Associado Portuguesa de Sono passieren die meisten schläfrichkeitsbedingten Unfälle zwischen zwei und sechs Uhr morgens und 14 und 16 Uhr am Nachmittag. Nächtliches Autofahren erhöht ohne weitere Einflussfaktoren das Unfallrisiko um das Fünf- bis Sechsfache, da das Gehirn in dieser Zeit auf Schlafen programmiert ist.

Dass Berufskraftfahrer und vor allem Lkw-Fahrer davon ganz besonders betroffen sind, ergibt sich zum einen daraus, dass sie meist im Wagen schlafen müssen – und zum anderen durch Tempomat und permanentes Rechtsfahren in Kolonne extrem wenig Beschäftigung im Auto haben. In der Zeitschrift „Das Schlafmagazin"[6] berichtet ein Lkw-Fahrer von seinen Schlafgewohnheiten unterwegs:

> Die wenigsten Parkplätze an der Autobahn sind so konzipiert, dass man wirklich in Ruhe die Augen schließen kann. Die größten Probleme habe ich mit dem Schlafen, wenn ich einen richtig lauten Stellplatz erwischt habe. Am miserabelsten schlafe ich im Sommer. Da die Außentemperaturen unerträglich sind und in den wenigsten LKWs Standklimaanlagen eingebaut sind, kommt man da überhaupt nicht zum Schlafen. In letzter Zeit habe ich festgestellt, dass mir die unterschiedlichen Arbeitszeiten immer mehr zu schaffen machen. Ich stehe morgens zwischen zwei und sechs Uhr auf, arbeite und fahre, inklusive der gesetzlich vorgeschriebenen Pausen, jeder Tag 12 bis 15 h. Dazu kommt eine Ruhezeit von neun bis elf Stunden. Wobei man die Ruhezeit nicht mit geschlafenen Stunden verwechseln darf. Ich schlafe nur zwischen vier und acht Stunden pro Nacht.

---

[5] Dito.

[6] Wahl (2014, S. 46).

2.3   Probleme bei Schichtarbeit

Wer in Schichten arbeiten muss und dabei die Nacht zum Tage macht, hat oft mit großen Problemen zu kämpfen. Bei Schichtarbeit treten in der Regel zwei unterschiedlich schlafbezogene Probleme auf, wie die Deutsche Gesellschaft für Schlafforschung und Schlafmedizin in ihrer Patienteninformation beschreibt[7]: die Schwierigkeit am Tage zu schlafen und die Schwierigkeit sich nachts wach zu halten. Es ist nachgewiesen, dass Schichtarbeit erhebliche Probleme im sozialen und familiären Umfeld sowie eine insgesamt höhere Krankheitsanfälligkeit verursachen kann. Vor allem Menschen, die Nachtschichten – in der Regel zwischen 23 und 7 Uhr – oder in Wechselschichten arbeiten, sind davon betroffen. Der Grund leuchtet ein: Der chronobiologische zirkadiane Rhythmus, der die Zeiten für Schlafen und Wachen festlegt, wird gestört, da tagsüber das Schlafen erzwungen wird, obwohl der Körper auf Wachsein eingestellt ist. Wie schnell und ob überhaupt sich ein Schichtarbeiter an den veränderten Rhythmus anpasst, ist ungeklärt. Manche Forscher gehen von drei Jahren aus, andere glauben, dass sich der Körper nie an unregelmäßige Schlafenszeiten gewöhnt.

▶ Unter dem zirkadianem Rhythmus ist der annähernd 24 h dauernde, dem physikalischen Tag-Nacht-Rhythmus angepasste biologische Rhythmus zu verstehen.

Nachtarbeiter schlafen etwa zwei Stunden weniger als der Durchschnitt der Menschen, ihr Schlaf ist störanfälliger, wird häufiger unterbrochen und ist weniger tief – und damit weniger erholsam. Zahlreiche Studien belegen, dass sich Schläfrigkeit – die zwischen zwei und fünf Uhr am Morgen besonders ausgeprägt ist – negativ auf körperliche und geistige Leistungsfähigkeit, Motorik und Stimmung auswirkt. Nachtarbeiter haben zu zudem ein erhöhtes Risiko, an Krebs und Magengeschwüren zu erkranken. Und: Schläfrigkeit verursacht schwere Unfälle und Havarien: So hat sie etwa bei dem Reaktorunfall des Atomkraftwerkes in Harrisburg, USA, im Jahr 1979 und bei der Schiffshavarie des Tankers „Exxon Valdez" vor Alaska im Jahr 1989 eine Rolle gespielt.

---

[7] Deutsche Gesellschaft für Schlafforschung und Schlafmedizin (2011).

Der Tag macht die Nacht

Die meisten Schlafstörungen haben seelische, psychosoziale, gelegentlich auch körperliche Auslöser, die diese dann auch noch unterhalten, wenn sie nicht beseitigt werden. Alles, was seelisch beschäftigt oder körperlich beeinträchtigt, kann den Schlaf stören, ob wir es für bedeutsam halten oder nicht. Der Schlaf ist ein unbestechlicher Spiegel unserer Gemütsverfassung und körperlichen Gesundheitslage. Was wir tagsüber als Problem nicht anerkennen und bewusst oder unbewusst verdrängen, ist oft nachts nicht zu verheimlichen – und raubt uns den Schlaf.

Damit es gar nicht erst zu ernsthaften Schlafstörungen kommt bzw. unruhige und kurze Nächte die Ausnahme bleiben, muss und sollte jeder Einzelne seinen Tag möglichst so gestalten, dass er zum Feierabend nicht vollkommen gestresst, ausgepowert und zu nichts mehr in der Lage ist. Das gelingt nicht immer, sollte aber die Regel sein.

3.1 Stress lass nach

Fehlbelastung und Stress ist kein Zustand, den man auf Dauer akzeptieren sollte, da er krank macht. Es gibt nicht *den* Stressauslöser im Arbeitsalltag, sondern jede Menge. Schon dadurch, dass man Ursachen erkennt, kann man das häufig undifferenzierte Gefühl aus Gehetztsein, Versagensangst und Überforderung auflösen oder zumindest besser einordnen. Denn Stress ist nicht etwas tatsächlich „Greifbares", sondern eine Diskrepanz zwischen dem, was von uns erwartet wird, und dem, was wir uns zu leisten in der Lage fühlen. Daher sollte auf der einen Seite jeder

© Springer Fachmedien Wiesbaden 2015
E. Pohl, *Karrierefaktor guter Schlaf,* essentials,
DOI 10.1007/978-3-658-08440-0_3

selbst dafür sorgen, dass die die eigene Tätigkeit möglichst keine Stressauslöser beinhaltet. Dazu zählen:

- eine klar definierte Aufgabe,
- ausreichend Handlungsspielraum bei der Erledigung,
- keine permanenten Störungen und Unterbrechungen,
- eindeutige Kompetenzen,
- regelmäßige Rückmeldung und Bewertung der Arbeit,
- Mitbestimmung und Kommunikation im Team,
- gutes Betriebsklima,
- Möglichkeit, Kritik ungestraft zu äußern,
- faire Entwicklungschancen,
- Möglichkeit des Lernens auf der Arbeit
- Unterstützung durch Vorgesetzte.

Auf der anderen Seite kann man im Arbeitsprozess auch dafür sorgen, dass man den Anforderungen besser gewachsen ist. Zunächst sollte man sich von unrealistischen Zielen verabschieden, die einen unnötig unter Druck setzen. Auch rechtzeitiges Durchdenken von Alternativen zum jetzigen Arbeitsplatz kann die Situation entlasten. Ein großes Potenzial liegt in der persönlichen Arbeitsorganisation. Nicht jede aufgetragene Arbeit muss zum Beispiel sofort und jetzt erledigt werden. Als Vorgesetzter muss man lernen, Arbeit richtig zu delegieren. Wer in gutem Kontakt zu Kollegen steht, kann sich dort Unterstützung holen. Persönliche Netzwerke in der Firma geben auch ansonsten Rückhalt. Das alles sind einfache Dinge, die im Prinzip jeder während der Arbeit tun kann – und muss, um der eigenen Überforderung vorzubeugen. Dr. Gerdhard Westermayer, Geschäftsführer der Gesellschaft für Betriebliche Gesundheitsförderung mbH in Berlin und Vorstandsmitglied des Bundesverbands Betriebliches Gesundheitsmanagement nennt das Verantwortungsdilemma, Zeitdruck bei der Arbeit und fehlende Identifikation mit dem Unternehmen als einige Faktoren, die stressfördernd und gesundheitsschädigend sind.

3.2 Pausen müssen sein

Abwechslung bringt Freude in die Arbeit und lässt alles leichter von der Hand gehen. Wer vorwiegend mit Routinearbeiten befasst ist, kann sich selbst helfen, indem er diese für einen Gang zum Kopierer oder für eine andere dienstliche Erledigung unterbricht. Wer im Gegenteil vorwiegend Kopfarbeit leistet, kann sich mit einfachen Arbeiten ablenken. Und ganz wichtig für alle Tätigkeiten: regelmäßige und erholsame Pausen einlegen. Dabei sollte man sich vorwiegend nach dem eigenen Bio-Rhythmus richten, also möglichst pausieren, wenn sich eine Phase der Müdigkeit ankündigt. Wer keine Pausen einlegt, beutet nicht nur verantwortungslos seine eigenen Kraftreserven aus. Er nimmt auch in Kauf, dass er in Folge abnehmender Konzentrationsfähigkeit Fehler macht und damit sich und andere gefährdet. Nicht ohne Grund müssen Fernfahrer gesetzlich vorgeschriebene Pausen einlegen. Auch in vielen anderen Berufen ziehen Fehler durch Ermüdung fatale Folgen nach sich. In jedem Fall aber wird das Arbeitsergebnis gefährdet – entweder sein eigenes oder, noch ärgerlicher, das des Teams oder der Abteilung.

▶ Pausen sollten eine wirkliche Abwechslung zur Arbeit darstellen. Wer sitzt, sollte aufstehen und sich strecken. Wer am Bildschirm arbeitet, sollte die Augen schließen und Augengymnastik machen (Augäpfel hinter den geschlossenen Lidern in alle Richtungen drehen). Kopfarbeiter müssen den Körper, Handarbeiter den Kopf benutzen.

Wer es braucht und kann, sucht eine Rückzugsmöglichkeit auf. Das kann eine Parkbank sein, ein kurzer Spaziergang, der Kollege einer anderen Abteilung, die Cafeteria, ein Ruheraum. Wer es möchte, sucht das persönliche Gespräch mit Kollegen, die ihm sympathisch sind. Was gut tut, muss jeder selbst heraus bekommen. Der Fantasie sind keine Grenzen gesetzt.

Wichtig: Nicht mit der Arbeit befassen oder über die Arbeit reden! Telefon nach Möglichkeit umstellen!

Wer sich von einem Kollegen oder einem Problem akut unter Druck gesetzt und gestresst fühlt, sollte sich eine Pause zur Pflicht machen. Sie schafft nicht nur neue Kraft und mehr Wohlbefinden, sie erzeugt auch Abstand. Es hilft, den Schalter für einige Minuten auf Entspannung umzulegen.

Das Haupt-Tief, mit dem sich jeder tagsüber arbeitende Mensch herumschlägt, ist das Mittagstief. Schuld daran ist der so genannte semizirkadiane Rhythmus, der im Schnitt 12,4 h andauert. Dazwischen ist Ebbe. Zwar haben frühere Generationen diese Zweiteilung nicht benennen können, danach gelebt haben sie aber. Prof. Ingo Fietze und Thea Herold schreiben in ihrem Buch „Der Schlafquotient"[1] dazu:

Unsere Vorfahren kannten sich offenbar auch ohne wissenschaftliche Durchdringung der Materie recht gut mit den natürlichen Rhythmen aus. Und vielleicht wussten sie auf ihre Art sogar besser damit umzugehen als wir: Wenn die Sonne ihren höchsten Stand erreicht hatte und es gerade in südlichen Regionen unerträglich heiß wurde, machte sich ein ansteckende Schläfrigkeit breit. Da um diese Stunde oft auch die Arbeitslust sank und das Ergebnis selbst bei größter Mühe eine Zeit lang zu wünschen übrig ließ, zogen sich alle, auch die Berufstätigen, bewusst zurück, um zu ruhen.

---

[1] Fietze und Herold (2006).

Die vielen weiteren „kleinen Leistungsknicke", die uns tagsüber ereilen, machen uns bei weitem nicht so zu schaffen wie das berühmte „Suppenkoma" um die Mittagszeit. Manchmal dösen wir ein wenig weg und befinden uns für kurze Zeit zwischen Wachsein und Schlaf. Etwa alle vier Stunden sinken wir so halb in Morpheus' Arme. Im Abschnitt 1.2 „Von Lerchen und Eulen" sind wir schon darauf eingegangen. In noch kürzerem Rhythmus – etwa alle 90 min – gibt es geringere, kaum wahrnehmbare Schwächephasen, die wir meist mühelos wegstecken. Erst zwischen 18 und 21 Uhr Uhr erreichen viele Menschen ein wirkungsvolles Zusammentreffen von Wachsein und Leistungskraft, das sogenannte Wachfenster. Daher raten die Autoren des Buches „Der Schlafquotient"[2].

> Allen Vorurteilen zum Trotz wäre es an der Zeit, mit der überkommenen Regel ‚Morgenstund hat Gold im Mund' aufzuräumen.

Wenn irgend möglich sollten Vorgesetzte ihren Mitarbeitern überlassen, wann sie Pausen einlegen: Es gibt keinen einheitlichen Biorhythmus, keine 08-15-Leistungskurve. Grundsätzlich gilt, dass der Erholungswert mehrerer kleiner Pausen größer ist als der einer langen.

▶   Wer zu dem Arbeitstyp gehört, der erst nach Stunden merkt, dass er völlig erschöpft ist, sollte sich eine Uhr anschaffen, die jede volle Stunde einen Piepston von sich gibt und signalisiert: Zeit für fünf Minuten Pause. Es ist zu merken, dass sich anschließend doppelt so viele Geistesblitze einstellen und man zum Feierabend weniger ausgepowert ist.

Wer dienstlich oft im Zug oder im Flugzeug unterwegs ist, gehört mit großer Wahrscheinlichkeit zu den Eifrigen, die sofort nach Verlassen des Bahnhofes oder des Flughafens den Laptop herausholen, um zu arbeiten. Aber ist das sinnvoll? Der Psychologe Stephan Grünewald, Autor des Buches „Die erschöpfte Gesellschaft", plädiert dafür, mehr Zeit um Träumen zu „verschwenden", statt sich jede freie Minute unter Leistungsdruck zu stellen. Für ihn sind Zugfahrten willkommene „Dehnungsfugen im Alltag", die dazu genutzt werden sollten nichts zu tun. Früher war man faktisch gezwungen, im Zug aus dem Fenster zu schauen, sich mit seinem Gegenüber zu unterhalten oder ein gutes Buch zu lesen. Wer dagegen jede Zugfahrten für pausenloses Arbeiten nutzt, verlangt sich übergroße Anstrengungen ab, da es im Zug viel schwieriger ist sich voll zu konzentrieren als im eigenen Büro. Der Stresspegel ist ähnlich wie im Großraumbüro.

---

[2] Dito.

Heute ist das Wort „Muße" vielfach negativ besetzt und wird mit Nutzlosigkeit gleichgesetzt. Das Gegenteil ist jedoch der Fall! Grünwald ist überzeugt, dass träumerisch aus dem Fenster sehen keinesfalls vertane Zeit ist. Mußestunden auf Reisen hält er für Phasen, in denen man ungestört und in Ruhe kreativ sei kann und sich die besten Ideen ohne Zwang einstellen. „Dieses schöpferische Moment, das in der Fähigkeit zum Schweifen begründet ist, wurde dem Effizienzdiktat geopfert", bemängelt er. Das Gefühl, die wenigen Stunden der Zugfahrt für etwas „Nützliches" verwenden zu müssen, verhindert so die Gelegenheit zum Träumen und damit eine wichtige schöpferische Quelle – und einen einfachen Weg, um aus den Alltagsmühlen herauszukommen. Das trifft vor allem auf die Fahrten zu, die den Arbeitstag vom Feierabend trennen. Als Pausen- und Übergangswesen brauchen wir Menschen nach Auffassung des Zeitforschers und Zeitberaters Karlheinz Geißler diese Zeit, um den Übergang von der Arbeit in die Privatheit zu ritualisieren. Mit einem Schalter lässt sich der Mensch nicht in den Feierabendmodus bringen. Und das wäre auch gar nicht sinnvoll, denn wie empirisch nachgewiesen wurde, leiden Aufmerksamkeit und Produktivität ohne diese bewussten Übergänge – und zwar ebenso am Anfang wie am Ende eines Arbeitstages. Wer direkt aus dem Büro ins Konzert hetzt – so seine Überzeugung – der kann erst ab dem zweiten Satz wirklich zuhören und genießen. Und wer auf der gesamten Fahrt von der Arbeit nach Hause mit Arbeit beschäftigt ist und noch in der S-Bahn dienstliche E-Mails beantwortet, bringt sich damit um die wichtige Zeit der Muße und des Übergangs.

3.3 Powernapping – die besondere Pause

Es gibt jede Menge Witze über den Büroschlaf. Einige davon sind gar nicht so witzig, sondern ernst, wie der Satz „Büroschlaf ist der gesündeste." Und es gibt – mehr oder minder ernstgemeinte – Ratschläge, wie man den Büroschlaf heimlich hinbekommt. Man solle z. B. die Schnürsenkel öffnen, den Kopf auf den Schreibtisch legen und die Hände an die Schnürsenkel legen. Geht die Tür auf, könne man so vortäuschen, gerade die Schuhe zubinden zu wollen. Darüber kann Schlafforscher Ingo Fietze nur schmunzeln, und er erzählt eine andere Geschichte: Er erwischte einen jungen Kollegen beim Mittagsschlaf am Schreibtisch – zurückgelehnt im Stuhl, die Augen geschlossen. Als der seinen Chef bemerkte, stammelte er Entschuldigungen. Doch Fietze meinte nur „Weiterschlafen" und ging hinaus, womit die Sache erledigt war. Kein Wunder: Prof. Fietze ist ein großer Verfechter des Mittagsschlafes im Büro und versteht überhaupt nicht, warum die meisten Firmen das natürliche Bedürfnis ihrer Mitarbeiter nach einer kleinen mittäglichen Auszeit nach wie vor ignorieren. Dabei ist nachgewiesen, dass dieser superkurze, kraft-

Abb. 3.1 Mit einem kurzen Schläfchen kann man das Mittagstief gut überbrücken. Nicht in jedem Fall muss man sich hinlegen und wirklich tief schlafen. Einige Minuten dösen tun ebenfalls Wunder. (Foto: www.corporate-moove.de)

fördernde Schlaf – neudeutsch auch Powernapping genannt – gesund ist und die Leistungsfähigkeit um bis zu ein Drittel erhöht. Wer es mit der Dauer nicht übertreibt – 15 bis 30 min reichen vollkommen aus – wird erfrischt und motiviert an die Arbeit gehen (siehe Abb. 3.1). Andernfalls schleppt man sich durch das gemeine Tief, das einem die Augen zuzieht und keinen vernünftigen Gedanken zulässt.

Dass es auch in der Firma gut möglich ist, Mitarbeitern zumindest die Möglichkeit für eine temporäre Auszeit zu geben, zeigt das Beispiel Unilever (siehe auch Abschn. 5.4). Wie sich Balletttänzer vor allem vor stressigen Premieren ausruhen können, um auf den Punkt fit zu sein, zeigt das Beispiel Berliner Staatsballett. Schlafforscher der Charité hatten vorab nachgewiesen, dass Balletttänzer zu wenig und auch noch qualitativ schlecht schlafen, was zu Unfällen beim Training und während der Vorstellungen führen kann. Daher wurde speziell für dieses Ensemble gemeinsam mit Akustikern und Lichtdesignern ein Ruheraum der besonderen Art mit vier Entspannungsboxen entwickelt, in denen sich die Hochleistungssportler, die Tänzer letztlich sind, vor der Aufführung ausruhen und Kraft tanken können.

In den USA praktizieren die Mitarbeiter vieler Unternehmen schon seit geraumer Zeit Powernapping. So können bereits seit 2003 Manager im Empire State Building oder an der Wall Street Schlafsessel anmieten. Der Benutzer stellt sich den Sessel so ein, wie es ihm behagt, und kann bei leiser Entspannungsmusik relaxen. Nach 20 min beendet ein leichtes Vibrieren den Schlaf. Bleibt zu hoffen, dass sich die nützliche Wirkung des Mittagsschläfchens auch in deutschen Unternehmen und Behörden herumspricht.

► Tipps für effektives Powernapping

- Nie länger als 40 min ruhen. Sonst ist man anschließend zu lange schläfrig.
- Schlaf ist nicht zwingend nötig. Auch Ruhephasen mit geschlossenen Augen sind erholsam.
- Ruhepausen sind kein Zeichen von Schwäche, sondern notwendig, um Fehler zu vermeiden.
- Die Zeit von 13 bis 14 Uhr ist für die meisten Menschen die beste Zeit für eine Ruhepause.
- Powernaps erhöhen nicht nur die aktuelle Leistungsfähigkeit, sondern schützen langfristig das Herz-Kreislauf-System. Weitere positive Folgen betreffen Stressabbau, Stimmungshebung und Reduktion von Diabetes.
- Mit Yoga, autogenem Training, Tai Chi und Progessiver Muskelentspannung finden Gestresste mittags schneller in die Entspannungsphase.
- Wer im Büro auf Ablehnung stößt, kann sich sein Nickerchen auch auf der Parkbank, im Cafe um die Ecke, notfalls auf der Toilette oder – wenn vorhanden – im Ruheraum der Firma zelebrieren.

3.4   Jetzt ist Feierabend!

Berufliche Flexibilität reicht heute weit in das Privatleben hinein. Die Auswirkungen sind gravierend, wie auch eine aktuelle Studie der Betriebskrankenkassen (BKK) ergab, die im Sommer 2014 vorgestellt wurde: das iga.Barometer 2014 der „Initiative Gesundheit und Arbeit" (iga).

Im Rahmen der Studie wurden 2000 Erwerbstätige in Deutschland zu den Auswirkungen beruflicher Flexibilität auf ihr Privatleben befragt. Demnach sind die Anforderungen an Beschäftigte beträchtlich: Zwei Drittel (65 %) der Erwerbstätigen leisten regelmäßig Überstunden. Von den Betroffenen fühlt sich jeder Fünfte durch die Erwartung des Arbeitgebers belastet, Mehrarbeit leisten zu müssen. Von einem Fünftel (22 %) der Befragten wird erwartet, dass sie auch im Privatleben für dienstliche Angelegenheiten zur Verfügung stehen, wobei jeden dritten Betroffenen diese Erreichbarkeit ziemlich belastet. Auffällig ist, dass Erschöpfungszustände und Vereinbarkeitsprobleme häufiger bei Beschäftigten vorkommen, die auch in ihrer Freizeit für ihren Job verfügbar sind. In erster Linie führt die Erreichbarkeit für Jobfragen während des Privatlebens zu Zeitkonflikten: 18 % stimmen der Aussage zu, private Aktivitäten deswegen ausfallen zu lassen. 23 % der Befragten fühlen sich aus diesem Grund zu erschöpft, privaten Verpflichtungen nachzukommen. In etwas geringerem Umfang hat „ständige Erreichbarkeit" auch emotionale Erschöpfung zur Folge – beides Faktoren, die einen erholsamen Feierabend und ein späteres allmähliches Hinübergleiten in den Schlaf behindern.

Nach wie vor wird dennoch Flexibilität erwartet und als positive Errungenschaft gefeiert. Arbeitgeber erwarten in den meisten Stellenanzeigen Flexibilität von ihren Mitarbeitern. Alles Verwurzelte, Dauerhafte und Traditionsbewusste scheint seinen Wert verloren zu haben. Gefragt sind Mitarbeiter ohne Bindung, ungeduldig, süchtig nach Abwechslung. Geboten wird eine dynamische, flache und zerstreute Organisationsform, die sich immer mehr aufzulösen scheint. Innovationen überschlagen sich um ihrer selbst willen, Erfahrungen der Alten zählen nicht mehr und die Individualisierung schreitet unaufhaltsam voran. Die Bedeutungslosigkeit von Ort und Zeit hat mit dem Internet einen neuen Ausdruck gefunden, der zudem selbst ständig im Umbau begriffen ist. Auch für den einzelnen Arbeitnehmer sind Begriffe wie fester Arbeitsplatz und geregelte Arbeitszeit Fremdwörter. Es gibt keine Trennung mehr von beruflich und privat. Im Job scheinen alle wie eine Familie zu sein und in der Freizeit wird fleißig weiter gearbeitet. Wer Feierabend macht, um Frau bzw. Mann und Kinder zu sehen, wird häufig als Schwächling abgestempelt. Wenn Freizeit, dann mit Power: Erlebnissafari, Extremsport, Klettertouren, Sprachreisen sind das Mindeste. Am besten, mit Kollegen, damit man gleich noch neue Ideen kreieren kann…

Wohin diese ständige Anspannung, das „Brennen" für den Job führt, zeigen die steigenden Zahlen von Menschen mit „Burnout". Also: Nicht die Zahl der Überstunden zeigt an, wie sich ein Mitarbeiter für sein Unternehmen engagiert und wie wertvoll er für das Unternehmen ist. Letztlich führt der Raubbau an der eigenen Gesundheit nicht zu mehr Produktivität, sondern direkt in die Krankheit. Wer gegen 23 Uhr den Laptop zuklappt und danach ins Bett geht, muss sich also nicht wundern, wenn sich der ersehnte Schlaf – der ja so wichtig ist für den kommenden anstrengenden Tag – einfach nicht einstellen will. Und er muss sich nicht wundern, wenn am nächsten Tag nichts so recht gelingen will, weil man unausgeschlafen, unentspannt und unkonzentriert ist. Daher: Feierabend machen! Ganz bewusst und am besten mit einem festen Ritual, das die Freizeit nach der Arbeit einläutet. Wer zu Hause arbeitet, hat es damit vielleicht schwerer, weil es keine echte räumliche Trennung zwischen dienstlich und privat gibt. Hier kann helfen, den Schreibtisch aufzuräumen, den Rechner auszumachen und die Bürotür demonstrativ zu schließen.

3.5 Die Lust am Nichtstun

Nach einem anstrengenden Arbeitstag stürzen sich viele Menschen mit dem gleichen Enthusiasmus in die zweite „Hälfte" des Tages: die Freizeit. Es muss unbedingt noch etwas Sinnvolles getan werden! Aber warum? Im Gegenteil ist der

Müßiggang wieder im Kommen! Leider haben wir die Kunst des kreativen Müßiggangs weitgehend verloren. Und so fällt es uns schwer – und widerspricht oft unserer Lebensauffassung – Zeit einfach verstreichen zu lassen. Das Gefühl, nichts zu tun zu haben und sich gar zu langweilen, löst sofort neuen Stress aus. Wirklicher Müßiggang, also ein Treibenlassen ohne tieferen Sinn und ohne Rücksicht auf die Zeit, die dabei vergeht, ist in der Tat nicht auf Befehl zu haben.

Muße, so haben Soziologen und Freizeitforscher heraus gefunden, kann am besten über eine erfüllende Beschäftigung ohne tieferen Zweck erreicht werden. Etwa ein Buch mit Genuss lesen und nicht, weil man anschließend darüber im Freundes- und Kollegenkreis diskutierten muss. Oder eine Wanderung unternehmen, um die Schönheit der Natur aufzunehmen, nicht um eine bestimmte Kilometerzahl zu absolvieren. Wer Gartenarbeit macht, dann um sich den dem Geschaffenen zu erfreuen, nicht um den schönsten Vorgarten der Straße zu haben. Das Ziel wird ausgeblendet, es gibt keinen Leistungsdruck. Es gibt nur den Moment, der nichts verlangt.

Entspannung braucht vor allem Zeit. Während nämlich eine Stressreaktion quasi schlagartig einsetzt, ist das Entspannungssystem sehr langsam. Wichtigstes Rezept: Nicht erst kurz vor dem Kollaps die Notbremse ziehen, sondern ganz allmählich langsamer werden. Sonst besteht die Gefahr, dass der Körper auf das plötzliche Nichtstun mit extremer Unruhe reagiert.

Der bereits erwähnte Zeitforscher Karlheinz Geißler, Autor vieler Bücher zum Thema Muße und Langeweile, meint, dass erst hinter der Langeweile die wahre Muße beginnt. Wer die Langeweile durchschreitet, findet innere Ruhe.

10 Tipps für mehr Muße im Alltag[3]
1. Langsamkeit kann produktiv sein. Durch Nichtstun lassen sich Fehler und Zeit sparen.
2. Warten Sie den richtigen Moment ab. Das spart manchmal viel Energie.
3. Pausen teilen den Tag ein und geben uns eine wichtige Orientierung.
4. Gehen Sie Umwege und entdecken Sie dabei viel Neues.
5. Nicht jede Aktivität lässt sich in Heller und Pfennig aufrechnen. Ein gutes Gespräch ist unbezahlbar.
6. Wenn Sie Zeit gespart haben, dann nehmen Sie sie sich.

---

[3] Geißler (2001).

7. Leben Sie rhythmisch und befreien Sie sich dadurch z. B. von permanentem Entscheidungsdruck: Was Sie am Vormittag nicht entscheiden konnten, muss bis zum nächsten Tag warten.
8. Vergessen Sie manchmal Ihren Zeitplan und vergessen Sie hin und wieder die Zeit.
9. Leben Sie nicht ständig nach der Uhrzeit, sondern frei nach Karl Valentin: Schauen Sie morgens auf die Kirchturmuhr und merken Sie sich für den ganzen Tag diese Uhrzeit.
10. Machen Sie Urlaub vom Zeitdruck: In den Ferien werden Uhr und Handy einfach zu Hause vergessen.

Werden Sie aktiv!

Nachdem wir uns nun mit verschiedenen Aspekten des Schlafens und Ruhens befasst haben, wünschen wir uns vor allem eins: Dass möglichst viele Leser einige der Erkenntnisse und Tipps beherzigen und sich mehr als bisher um ihren Schlaf sorgen. Da klar ist, dass dieses Buch nur einige Aspekte des komplexen Themas Schlaf anreißen kann und weitere Informationen sicher nützlich sind, legen wir den Lesern die genannte und weiter unten noch einmal zusammen getragene Literatur ans Herz. Aber auch Schlafschulen und -akademien kümmern sich darum, gesunden Schlaf zu verstehen und zu erhalten oder bereits leicht beeinträchtigten Schlaf zu verbessern. In vielen Fällen haben Unternehmen ihre Verantwortung verstanden und versorgen ihre Mitarbeiter mit wichtigen Informationen oder der Möglichkeit tagsüber Ruhepausen einzulegen (siehe Kap. 5). Wer selbst aktiv werden möchte, dem legen wir Einrichtungen wie die bereits erwähnte Schlafakademie mit ihrem Programm aus Schulungen, Vorträgen, Seminaren und Coachings ans Herz, aber auch Schlafschulen und -seminare wie die des Regensburger Schlafforschers Prof. Jürgen Zulley, die Schlafschule Intersom am Zentrum für Schlafmedizin & Schlafforschung im MediaPark Köln, die Schlafschule Unna, die Freiberger Schlafschule, und die Schlafschule Dreyer in Hannover. In einigen Fällen kann die Krankenkasse einen Teil der Kosten übernehmen.

Wer schon über gestörten Schlaf klagt, der sollte auf alle Fälle einen Arzt aufsuchen, zunächst wahrscheinlich den Hausarzt. Der wird in der Regel entscheiden, welche weiteren Fachärzte gegebenenfalls zurate gezogen werden müssen. Um dem Übel auf den Grund zu gehen, wird der Arzt in vielen Fällen zunächst das Führen eines Schlaftagebuchs empfehlen. Sollte er den Verdacht haben, dass eine andere, innere Schlafproblematik hinter den Beschwerden steckt, so zum Bei-

© Springer Fachmedien Wiesbaden 2015
E. Pohl, *Karrierefaktor guter Schlaf,* essentials,
DOI 10.1007/978-3-658-08440-0_4

spiel eine Störung des Schlaf-Wach-Rhythmus, eine Schlafapnoe oder eine Bewegungsstörung wie das Restless-Legs-Syndrom, wird er es mitunter für sinnvoll halten, den Betroffenen in ein Schlaflabor zu überweisen. Universitätskliniken und große spezialisierte Krankenhäuser aber auch private Praxen und Zentren verfügen teilweise über schlafmedizinische Abteilungen mit entsprechenden Untersuchungseinrichtungen. Ebenso können die Ärzte das Befinden am Tag mit Tests und Befragungen registrieren und einschätzen. Eine übermäßige Tagesschläfrigkeit (Hypersomnie) diagnostizieren sie beispielsweise mit Hilfe eines multiplen Schlaflatenztests (MSLT).

Vor allem Menschen, deren 24-h-Rhythmus arg belastet ist wie Schichtarbeiter oder Langstrecken-Reisende, sollten auf eine konsequent gesunde Lebensweise achten, um sich und ihren Schlaf nicht mehr als unbedingt nötig zu belasten. Ein möglichst harmonisches familiäres Umfeld, soziale Aktivitäten trotz unregelmäßiger Arbeitszeit und eine entspannende Freizeitbeschäftigung sind für diese Menschen – neben allen anderen schlaffördernden Maßnahmen – besonders wichtig.

Unternehmen sorgen für gesunden Schlaf

5

5.1 Berliner Sparkasse

Andrea Zack, Mitarbeiterin in der Personalabteilung, verantwortlich für die „Gesundheitstage", Berliner Sparkasse Wir haben im vergangenen Jahr bereits unseren dritten Gesundheitstag durchgeführt, der vierte steht unmittelbar bevor. Eigentlich muss ich Gesundheitstage sagen, denn an jeweils zwei Tagen können sich die Mitarbeiterinnen und Mitarbeiter der Berliner Sparkasse über die unterschiedlichsten Themen informieren, die ihre Gesundheit betreffen. Es ist ein Angebot, von dem jeder nach Bedarf Gebrauch machen kann, die Teilnahme zählt übrigens als Arbeitszeit. In den zwei Tagen wollen wir Impulse geben, sich mit bestimmten Aspekten gesunder Lebensweise zu befassen. Gesundheit ist ein, wenn nicht der wesentliche Faktor für Lebensqualität und kann daher gar nicht genug ins öffentliche Bewusstsein gerückt werden. Daher macht das Unternehmen in enger Kooperation mit der Arbeitnehmer-Vertretung ganz unterschiedliche Angebote, zu denen auch die Gesundheitstage gehören. Begleitend findet in der Kantine die Aktion „Gesundes Essen" statt. Unsere Mitarbeiterinnen und Mitarbeiter nehmen die zwei Tage übrigens sehr rege wahr – vor allem die 3000, die unmittelbar dort arbeiten, wo die Veranstaltung stattfindet. Über Flyer oder im Intranet können sie sich vorab über das Programm informieren und genau den Vortrag oder den Stand besuchen, der sie besonders interessiert. Sowohl die 15 Marktstände im Eingangsbereich des Hauses als auch der angrenzende Kinosaal, in dem die Vorträge im stündlichen Wechsel stattfinden, sind für die Mitarbeiter sehr gut erreichbar.

© Springer Fachmedien Wiesbaden 2015
E. Pohl, *Karrierefaktor guter Schlaf*, essentials,
DOI 10.1007/978-3-658-08440-0_5

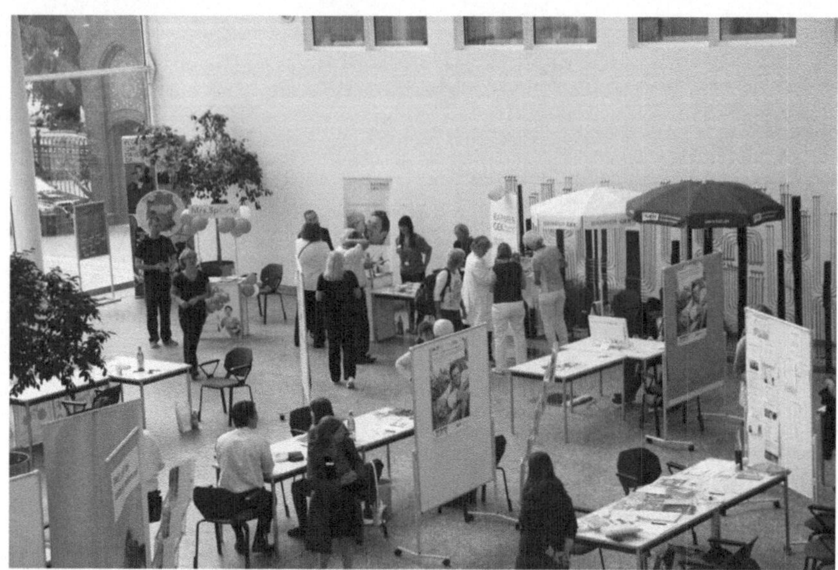

Abb. 5.1 Die Gesundheitstage der Berliner Sparkasse erfreuen sich wachsender Beliebtheit. Um auch für die Mitarbeiterinnen und Mitarbeiter der berlinweit 170 Standorte besser erreichbar zu sein, plant man künftig mehrere „kleine Gesundheitstage" in den drei Marktbereichen der Stadt

Die Marktstände (siehe Abb. 5.1) wurden 2013 von verschiedenen gesetzlichen und privaten Krankenversicherern, unserer Betriebsärztin, dem Betriebsrat, den Schwerbehindertenvertretungen, Fitnessanbietern, Masseuren, Heilpraktikerinnen sowie dem Fürstenberg Institut betreut. Mit dem Fürstenberg Institut verbindet uns darüber hinaus ein Kooperationsvertrag. Rat- und Unterstützung suchende Mitarbeiterinnen und Mitarbeiter können sich jederzeit direkt dorthin wenden, sei es bei gesundheitlichen Problemen oder wenn es schwierig wird, Beruf und Familie unter einen Hut zu bringen. So gibt es z. B. einen Familienservice, bei dem Eltern kurzfristig eine Vermittlung von Kinderbetreuungsangeboten erhalten oder vielfältige Beratungsangebote in Anspruch nehmen können. Aber zurück zum Gesundheitstag mit seinen vielfältigen Angeboten von Massagen über verschiedene Gesundheitstests bis hin zur Blutspende.

Das Vortragsprogramm greift aktuelle und interessante Themen auf wie „Kommunikationsstress abbauen", „Raus aus der Gedankenfalle" oder auch „Sitzen – Lust oder Last". Auf großes Interesse stieß im letzten Jahr der Vortrag „Erholsamer Schlaf – Was kann ich tun?". Vorbehalte oder Berührungsängste gegenüber diesem doch sehr privaten Thema gab es erstaunlicherweise nicht. Im Gegenteil: Es bildeten sich Schlangen beim Einlass, so dass wir auch in diesem Jahr wieder entsprechende Fachleute eingeladen haben. Schließlich kann schlechter Schlaf unser Wohlbefinden erheblich beeinträchtigen und die Auswirkungen zeigen sich unter anderem während der Arbeit. Insofern passt dieses Thema nicht nur zu einem Gesundheitstag, wir haben damit sogar absolut ins Schwarze getroffen.

Außenstehende fragen oft, was wir mit Maßnahmen wie dem Gesundheitstag erreichen wollen. Ich sage dann immer: Nicht mehr und nicht weniger, als Achtsamkeit gegenüber der eigenen Gesundheit fördern und vielleicht die eine oder andere Anregung geben, wie man sein Verhalten zugunsten einer gesunden Lebensweise verändern kann. Wir wollen den Mitarbeitern die Möglichkeit geben – und das praktisch direkt vor ihrer Bürotür – sich um sich zu kümmern. Jedoch muss am Ende jeder selbst wissen, was er daraus macht. Langfristig gesehen – in einigen Jahren vielleicht – wollen wir versuchen herauszufinden, ob sich tatsächlich etwas im Verhalten, im Gesundheitsbewusstsein ändert, und entsprechende Ableitungen treffen. Aber das erfordert eine längere Perspektive, schließlich handelt es sich hierbei um das eigene Verhalten und ein Bewusstsein zu entwickeln – und das braucht Zeit.

5.2 Berliner Wasserbetriebe

Felix Helsing, Mitarbeiter im Betrieblichen Gesundheitsmanagement, Berliner Wasserbetriebe Die Berliner Wasserbetriebe sind an 365 Tagen des Jahres rund um die Uhr im Einsatz, denn Wasser wird in den Haushalten und Betrieben ebenfalls Tag und Nacht benötigt. Daher beschäftigen wir sehr viele Mitarbeiter, die in fünf Schichten arbeiten (siehe Abb. 5.2). Dazu zählen Früh-, Spät- und Nachtschichten, freie Tage sowie Tagesdienste, welche für Weiterbildungen, Schulungen und besondere Arbeiten genutzt werden. Lange Zeit hatten wir ein rückwärts rollierendes Schichtmodell, das heißt die Mitarbeiter arbeiteten sieben Spät-, sieben Nacht- und sieben Frühschichten und hatten danach sieben Tage frei. Arbeitsmedizinische Untersuchungen haben aber ergeben, dass es für das Wohlbefinden und die Gesundheit der Mitarbeiter günstiger ist, ein vorwärtsrollierendes System einzuführen, das von der Früh-, über die Spät- zur Nachtschicht wechselt, kurz rolliert (kurze Blöcke von zwei bis drei Tagen je Schicht) und jeden Monat freie Wochenenden für jeden Mitarbeiter ermöglicht. Schon weil es den Kollegen die Chance gibt, mehr Zeit mit ihren Familien zu verbringen. Nachdem wir 2011 das neue System eingeführt hatten, befragten wir 2012 die betroffenen Mitarbeiter zu ihren Erfahrungen. Wir wollten wissen, ob es ihnen besser als vorher geht, genauso

Abb. 5.2 Die weitgehend zu automatisierten Gruppen zusammengefassten Berliner Wasser-, Klär- und Pumpwerke der Berliner Wasserbetriebe werden von Spezialisten in Leitwarten rund um die Uhr überwacht und gesteuert, hier im Klärwerk Ruhleben

gut oder schlechter. Das Ergebnis war, dass es den meisten besser oder gleich gut wie vorher ging, manchen allerdings auch schlechter. Daher führten wir 2013 so genannte Gesundheitsschichten durch, bei der Prof. Ingo Fietze vom Schlafmedizinischen Zentrum der Charité und Thea Herold von der Schlafakademie Berlin Vorträge darüber hielten, wie man selbst für besseren Schlaf sorgen und an wen man sich bei anhaltenden Problemen werden kann. Beide Experten standen auch für erste Kontakte direkt vor Ort zur Verfügung. Die Resonanz unter den Kollegen und ihr Interesse an dem Thema waren groß, obwohl es natürlich für das Unternehmen ein erheblicher Aufwand war, wegen der Schichtarbeit diese Termine zu organisieren. Aber es hat sich gelohnt.

5.3 Deutsche Bahn

Dr. Christian Gravert, Leiter Gesundheitsmanagement, Leitender Arzt und Hygienesachverständiger, Deutsche Bahn (siehe Abb. 5.3) Immer mehr Dienstleistungen werden nachts angeboten. Auch bei der Deutschen Bahn arbeiten viele Beschäftigte nachts und schlafen am Tage, wie die Mitarbeiter der ICE-Werke, in denen die Züge nachts gewartet werden. Der Gesetzgeber verlangt vom Unternehmen, die Arbeitszeit der Nacht- und Schichtarbeiter nach arbeitswissenschaftlichen Erkenntnissen zu gestalten. Um die Leistungsfähigkeit der Betroffenen langfristig zu erhalten stellen auch wir uns die Frage: Ist Schlaf am Tage auf lange Sicht ausreichend erholsam? Wie viele Jahre darf man den Schlaf in die Tagstunden verlagern, ohne die Gesundheit und die sozialen Beziehungen der Menschen zu gefährden? Befragungen der Mitarbeiter der Deutschen Bahn ergeben, dass sie subjektiv mit den Arbeitsbedingungen während der Nacht sehr zufrieden sind: Nur

Abb. 5.3 Dr. Christian Gravert, Leiter Gesundheitsmanagement, Leitender Arzt und Hygienesachverständiger der Deutschen Bahn AG

wenige wünschen sich andere Arbeitszeiten. Krankheitsbedingte Abwesenheiten sind sogar geringer al in vergleichbaren Gruppen, die Beschäftigen arbeiten selbstständiger als am Tage und fühlen sich stärker in ihr jeweiliges Team eingebunden. Die Verträglichkeit von Nachtarbeit hat offensichtlich viel mit der Selbstselektion zu tun: Dauernachtarbeiter entscheiden sich bei der Bahn freiwillig für diese Form der Tätigkeit. Aus unserer Sicht ist diese Selbstselektion ein positiver Regulationsmechanismus: Die positive Einstellung zur nächtlichen Tätigkeit hat einen psychisch und gesundheitlich stabilisierenden Effekt: Es bildet sich eine gut adaptierte Mitarbeitergruppe heraus. Mittels arbeitsmedizinischer Untersuchungen und Beratungen zum Chronotyp – der individuellen inneren Uhr – lässt sich der gewünschte Effekt weiter verstärken. Es gibt viele Variationen der Nachtarbeit, häufig wird sie in raschem Wechsel mit Früh- und Spätschicht gestaltet. Unsere Erfahrungen bei der Deutschen Bahn zeigen, dass reine Nachtschichtarbeit hinsichtlich ihrer gesundheitlichen und sozialen Auswirkungen möglicherweise besser verträglich ist als wechselnde Schichtarbeit. Eine Untersuchung des Schlafmedizinischen Zentrums der Charité aus dem Jahr 2011 in sechs verschiedenen Einrichtungen und Firmen hat bestätigt, dass „Dauernachtschichtler … im Vergleich zu den Wechselschichtlern signifikant weniger Gereiztheit, Erschöpfung und körperliche Beein-trächtigung" wahrnahmen.

Insgesamt ist nach meiner Einschätzung das Thema Schlaf von der betrieb-lichen Gesundheitsförderung noch nicht voll erfasst. Ich glaube es liegt daran, dass man vorrangig die Gesundheitsgefahren bei der Arbeit im Fokus hat und das Schlafen als etwas sehr Privates gesehen wird. Die Deutsche Bahn hat jetzt aber für die Werke, in denen wir nachts unsere ICE warten, einen neuen Tarifvertrag ge-schlossen, in dem wir uns zu speziellen Maßnahmen der Gesundheitsförderung für Nachtarbeiter verpflichtet haben. Dazu gehört, dass die Werkskantine auch nachts vollwertige Mahlzeiten anbietet, dass wir Ruheräume einrichten und zusammen mit der Stiftung Schlaf Informationsveranstaltungen und Seminare für Mitarbeiter zum Thema „Richtig Schlafen im Schichtdienst" entwickeln.

Wir haben viele Projekte, in denen wir mit den Mitarbeitern im Team die rich-tige Schichtplanung für das Team gemeinsam entwickeln. In jedem Team gibt es „Lerchen" und „Eulen", einige Menschen können aufgrund ihres Chronotypus bes-ser früh aufstehen, andere mögen abends lieber lange wach bleiben. Idealerweise kann jeder vorrangig die Schichten machen, die ihm persönlich besser liegen. Wir nennen dies „betriebliche Arbeitszeitprojekte". Hier wird neben dem Schlaf natür-lich auch die Work-Life-Balance insgesamt berücksichtigt.

Ein wichtiges Thema für Verkehrsbetriebe ist die Tagesschläfrigkeit von Men-schen mit Schlafapnoe. Der Diagnose dieser Störung kommt daher in unseren re-gelmäßigen Check-ups für Schichtarbeiter eine hohe Bedeutung zu. Neben einem Fragebogen zur Tagesschläfrigkeit und Schlafqualität gibt es kleine tragbare Ge-räte, die die Mitarbeiter wie ein 24-h-Blutdruckmessgerät mit nach Hause neh-men können, um die Schlafqualität zu messen (selbst für das i-phone gibt es schon solche Anwendungen, z. B. Sleep Cycle alarm clock). Der Goldstandard ist aber weiter das Schlaflabor, das wir intensiv nutzen.

5.4 Unilever

Dr. Olaf Tscharnezki, Leitender Betriebsarzt, Unilever (siehe Abb. 5.4) Schlaf-störungen sind heutzutage keine Diagnose, wegen der man krankgeschrieben wird, und finden sich daher auf keinem gelben Schein. Meistens sind es andere Diagnosen, die gestellt werden, die aber ursächlich auch durch schlechten Schlaf hervorgerufen werden oder dafür verantwortlich sind, dass Menschen nicht gut schlafen. Hinter gestörtem Schlaf stecken immer entweder eine Krankheit, eine nicht verarbeitete Belastung oder hinderliche Verhaltensweisen. Am Ende steht in jedem Fall das Ergebnis, dass Menschen total erschöpft sind und in der Folge nicht

Abb. 5.4 Dr. Olaf Tscharnezki, Leitender Betriebsarzt von Unilever, Hersteller von Haushaltsreinigern, Körperpflegeprodukten und Lebensmitteln

selten ernsthaft psychisch oder/und physisch erkranken. Meiner Meinung nach wird das gesamte Thema gesunder Schlaf von Mitarbeitern krass vernachlässigt. In vielen Unternehmen herrscht die Meinung vor: Wer schläft ist ein Schwächling. Dabei wissen wir schon lange, dass jemand am Tage nur gut arbeiten kann, wenn er nachts gut geschlafen hat. Schlaf ist eben keine vergeudete Zeit! Nicht der ist der große Held, der angeblich mit drei Stunden Nachtschlaf auskommt. Schlaf muss entkriminalisiert werden. Das gilt vor allem für das Ruhebedürfnis während der Arbeitszeit, das zwangsläufig auftritt. Weil wir als Unternehmen das wissen und unsere Mitarbeiter nicht zwingen wollen, heimlich am Arbeitsplatz einzunicken – was in der Produktion sogar gefährlich werden kann –, bieten wir ihnen neben normalen Ruheräumen Entspannungs-Massage-Sessel der Firma BrainLight an. Hierher können sie sich in angenehmer Atmosphäre für einige Minuten zurückziehen. Der Massagestuhl arbeitet mit Entspannungsmusik und einem angenehmen Flackerlicht, bei dem sich die Mitarbeiter wohl fühlen und in kurzer Zeit tief entspannen können. Nicht nur Unternehmen bedienen sich dieser Methode, auch während vieler Konferenzen können Teilnehmer mit Hilfe dieser Sessel in den Konferenzpausen auftanken, um zum Beispiel der unvermeidlichen Müdigkeit nach dem Mittagessen vorzubeugen. Laut verschiedener Untersuchungen ist die Wirkung sogar statistisch nachgewiesen. So haben Studien von Industrie- und Handelskammern nachgewiesen, dass mehr als drei Viertel der Benutzer Stressabbau und Entspannung als ausgezeichnet empfanden und nahezu 85 % sich motivierter an die Arbeit begeben haben. Auch unsere Mitarbeiter – darunter sehr viele Frauen – nehmen das Angebot der derzeit drei Massageliegen in unserer „Entspannungsoase" sehr rege an und äußern sich positiv darüber. Nach maximal 45 min gehen sie erfrischt an die Arbeit.

Natürlich sind die Massage-Stühle von BrainLight nur ein Teil unseres Angebotes zur Pausengestaltung. Wer sich lieber aktiv beschäftigen will, kann ins hauseigene Fitness-Center gehen – das nutzen mehr Männer als Frauen – oder Entspannungstechniken unter Anleitung ausführen. Insgesamt, diese Erfahrung haben wir bei Unilever gemacht und entsprechende Schlussfolgerungen daraus gezogen – steht und fällt Betriebliches Gesundheitsmanagement als Ganzes mit den Führungskräften. Wenn dem Management nicht klar wird, dass auch Dinge wichtig, die nicht als Zahlen, Daten und Fakten gezählt werden können, dann funktioniert es nicht. Wobei: Auch Betriebliches Gesundheitsmanagement kann gemessen werden, wie wir wissen: Der Return on Investment ist im Mittel bei 1:4,5. Ich investiere einen Euro und bekomme vier bis fünf heraus. Was für eine Rendite! Leider ist Gesundheitsmanagement eine sehr wichtige Aktivität, die nicht selten der Dringlichkeit zum Opfer fällt. Doch hier muss sich etwas ändern, weil gesunde, leistungsfähige und leistungswillige Menschen in der Wissens- und Informationsgesellschaft das allerwichtigste „Investitionsgut" sind. Aus rein ökonomischen Gründen sollte daher mit diesem Investitionsgut noch viel besser als mit dem Firmenwagenpark umgegangen werden. Zudem wird der schon deutliche Fachkräftemangel, die zuerst die kleinen und mittleren Unternehmen betrifft und besonders stark treffen wird, zu einem Umdenken zwingen. Wenn ich von außen niemand Neuen bekommen kann, muss ich interne Ressourcen hegen und pflegen. Der Gedanke der Nachhaltigkeit wird auch beim Thema „Mensch" aus rein ökonomischen Gründen wichtiger.

5.5   BrainLight GmbH

Studie des Marktforschungsinstituts EuPD Research „Effektivitätsmessung der audiovisuellen Entspannungssysteme" im Auftrag der BrainLight GmbH, 2012 Lange Zeit galt es als umstritten, ob der Return of Investment von Entspannungsmaßnahmen im Rahmen des betrieblichen Gesundheitsmanagements (BGM) gegeben ist. Daher ließt die BrainLight GmbH im Jahr 2012 die Wirkung ihrer Massagesessel testen. 13 Unternehmen nahmen mit jeweils acht bis 120 Teilnehmern an der Vorher-Nachher-Befragung teil. „Das Stärken der Ressourcen gegen physische und psychische Belastungen ist in den letzten Jahren zu einem Kernthema des BGM geworden", heißt es in der Auswertung der Studie. „Grund dafür ist der wissenschaftlich validierte Zusammenhang zwischen der Stressbelastung und der dauerhaften Leistungsfähigkeit der Mitarbeiter. Immer mehr Unternehmen suchen deshalb nach wirksamen Strategien zur Entlastung der Mitarbeiter bzw. zum Ausglich von Stress. Damit verbunden steigt der Bedarf, die Erfolge der Maßnahmen. D. h. die Auswirkungen auf die Stressbelastung sowie die damit verbundene Leistungsfähigkeit der Mitarbeiter zu belegen. In der Praxis wenden Unternehmen hierzu zwei Arten von Verfahren an. Objektive Messverfahren sowie befragungsbasierte subjektive Instrumente. Letztere werden in der Praxis deutlich häufiger eingesetzt, da sie kausale Zusammenhänge darstellen können. Die Entspannungssysteme der BrainLight GmbH haben das Ziel, die Stressresilienz (Resilienz ist die Fähigkeit, Krisen durch Rückgriff auf persönliche und sozial vermittelte Ressourcen zu meistern und als Anlass für Entwicklungen zu nutzen d.A.) sowie die Leistungsfähigkeit und das Wohlbefinden der Nutzer nachhaltig zu verbessern." Ziel der Studie war es daher, die Entspannungssysteme von BrainLight anhand praxiserprobter, objektiver Messverfahren zu untersuche, um valide Ergebnisse zu folgenden Themen zu erhalten:

- Auswirkungen auf die individuelle Stressresilienz,
- Auswirkungen auf die Arbeits- und Lebenszufriedenheit,
- Auswirkungen auf die physische und psychische Gesundheit
- Auswirkungen auf die Leistungsfähigkeit der Mitarbeiter

Nachdem ein geeignetes Befragungsinstrument gefunden war, wurden die mehr als 600 Probanden über einen Zeitraum von zwölf Wochen begleitet. Jeder der Mitarbeiter sollte mindestens eine Entspannungseinheit pro Woche nutzen. Einmal pro Woche wurden die Auswirkungen über einen Online-Fragebogen gemessen. Neben den allgemeinen Ergebnissen wurden in der Auswertung auch Aussagen zu einzelnen Nutzertypen, beispielsweise unterschieden nach Berufsgruppen und Alter, gemacht. Das Forschungsinstitut EuPD wahrte bei der Auswertung die Anonymität der Teilnehmer sowie alle datenschutzrechtlichen Anforderungen. Und hier einige wichtige Ergebnisse der Studie:

1. Die Studienteilnehmer waren zu 70 % Frauen und zu 30 % Männer.
2. Knapp 4000 Kurzfragebögen wurden in der drei Monate dauernden Studie ausgefüllt
3. Knapp 95 % der Teilnehmer empfanden die Anwendungen als angenehm.
4. Fast 93 % fanden sie beruhigend.
5. 76 % nutzten sie, um innerlich in Balance zu kommen.

Beispielhaft an dieser Stelle zwei Ergebnisse etwas detaillierter:

Auf die Frage: Wie oft trafen in den letzten drei Monaten folgende Aussagen zu? (von 1 – sehr häufig – bis 4 – nie) gab es folgende Vorher-Nachher-Ergebnisse (als Mittelwerte):

Feststellung	Vorher	nachher
Ich entscheide mich nur schwer	2,65	2,91
Ich habe Mühe mit Neuem	2,89	3,05
Ich vergesse Dinge	2,55	2,84
Ich kann mich leicht konzentrieren	2,34	2,07

Auf die Frage: Wie oft traten in den letzten drei Monaten folgende körperliche Symptome bei Ihnen auf? (von 1 – sehr häufig – bis 4 – nie) gab es folgende Vorher-Nachher-Ergebnisse (als Mittelwerte):

Feststellung	vorher	nachher
Ich bin generell müde	2,22	2,56
Ich schlafe gut ein bzw. durch	2,28	2,11
Ich habe Kreislaufprobleme	3,07	3,24
Ich habe Kopfschmerzen	2,75	2,95
Ich fühle mich ausgeschlafen und vital	2,75	2,50
Ich habe Nacken-, Schulter- und Rückenschmerzen	2,10	2,49
Ich schwitze ohne ersichtlichen Grund	3,26	3,37

5.6 Vitaliberty GmbH

Nicole Link, Marketing, Vitaliberty GmbH Vitaliberty mit seinem Programm „move" bietet einen ganzheitlichen Ansatz für das Betriebliche Gesundheitsmanagement (BGM) jedes Unternehmens. Move kombiniert innovative und wissenschaftlich anerkannte Methoden der Gesundheitsförderung und -prävention mit neuesten Technologien. Es folgt einem völlig neuen Ansatz für das Betriebliche Gesundheitsmanagement: Über die webbasierte Lösung kann weltweit mit unterschiedlichsten Geräten auf die Gesundheitsprogramme zugegriffen werden. Von der Analyse der Unternehmensgesundheit über die Ableitung von individuellen Maßnahmen bis zur umfassenden Erfolgskontrolle – alles finden Unternehmen gebündelt auf nur einer Online-Plattform. Das Programm umfasst alle Schritte, um für jeden Mitarbeiter die individuell auf ihn zugeschnittene Gesundheitsförderung zu finden:

- Online-Fragebögen zu verschiedenen Gesundheitsthemen,
- persönlicher Gesundheitsbericht für jeden Mitarbeiter,
- Telefon-Coaching mit qualifizierter Gesundheitsberatung,

- Auswahl einer Vielzahl an Gesundheitsthemen und Aktivitäten
- moove-Apps und Anbindungsmöglichkeiten an Sensoren,
- Unternehmensbericht zur Analyse der Gesundheitssituation und zur Erfolgskontrolle des BGM.

Wie wichtig eine Individualisierung der Maßnahmen ist, zeigt sich auch und besonders beim Thema Schlaf: Schlafbedarf und Konzentrationsfähigkeit sind sehr individuell, so dass allgemeingültige Maßnahmen oft nicht fassen. Daher geht Vitaliberty bzw. moove mit der individuellen Erfassung einen wichtigen Schritt. Die meisten Menschen mit Schlafproblemen haben nur ein diffuses Verständnis ihres eigenen Problems. Haben sie Schwierigkeiten schnell und leicht einzuschlafen? Haben sie Probleme mit dem Durchschlafen, wachen sie nachts auf? Eventuell sogar mehrfach? Oder fühlen sie sich – trotz offensichtlich ausreichender Nachtruhe – morgens gerädert? Haben sie nachts Albträume oder nerven sie ihre Umgebung mit lautem Schnarchen? Zunächst geht es darum, die Unterschiede zu erkennen und zu bewerten. So können Lebensumstände und Gewohnheiten aus den einen Nachteulen, Nachtschwärmer und Morgenmuffel werden lassen, aus anderen hingegen Frühaufsteher. Spätes Abendessen und nachfolgende Verdauung können das Einschlafen erschweren, ein spätes Glas kann nachts die Nieren zur Arbeit zwingen und die gefüllte Blase kann das Wachwerden zur Unzeit erzwingen. Aber auch diese Wirkungen sind – bis zu einem bestimmten Grad – individuell. Unternehmensbezogen lassen sich Schlussfolgerungen aus den individuellen Erkenntnissen nur dann ziehen, wenn viele individuelle Folgen ähnliche Ursachen haben und diese im betrieblichen Kontext liegen. Die individuellen Fragebögen von moove können erste Aufschlüsse geben. Ansonsten bleibt es bei allgemeinen Maßnahmen, die nach dem Gießkannenprinzip ausgeteilt werden, ohne entsprechende Wirkungen zu erzielen bzw. messen zu können. Dagegen sind dann, wenn eine individuelle Bestandsaufnahme und ein individuelles Maßnahmenpaket von betrieblichen Maßnahmen aufgelegt und begleitet werden, Wirkungs- und Erfolgsnachweise durch die Wiederholung einer validierten Messung möglich.

Die meisten Probleme, so auch die Schlafprobleme, haben für viele Einzelne nicht eine einzige Ursache – und die Ursachen liegen nur zum Teil im betrieblichen Kontext. Daher ist die Erwartung, dass die üblichen allgemeinen Maßnahmen Erfolg haben, unangemessen. Selbst dann, wenn in einem Unternehmen – etwa einer Fluggesellschaft – viele Mitarbeiterinnen und Mitarbeiter (aber eben auch nicht alle) mit häufigen Zeitverschiebungen zu tun haben, so sind die Auswirkungen individuell verschieden – einige können besser damit umgehe als andere – und nicht alle Zeitverschiebungen haben die gleiche Wirkung. Es ist nicht das gleiche, ob es sich um vier, sechs oder neun Stunden Zeitverschiebung handelt, ob sie immer nach dem gleichen Muster auftreten oder unregelmäßig, ob die Pausen dazwischen ein, zwei oder drei Tage betragen. Natürlich gibt es auch Zusammenhänge mit dem psychischen Erleben: Einig sind froh lange weg zu sein, weil sie gerade eine Trennung hinter sich haben, andere vermissen eine neue Liebe schmerzlich; einige bedauern, bei wichtigen Terminen ihre Lieben nicht dabei sein zu können oder machen sich Sorgen wegen bevorstehender Ereignisse. Und schon gibt es ganz unterschiedliche Ausprägungen in der Wirkung, obwohl die Ursache – hier die Zeitverschiebung – gleich war. Zum Glück ermöglicht moove dank moderner IT, die Auswirkungen potenzieller Ursachen individuell zu erfassen, sie anonym und vertraulich auszuwerten und für größere Teilgruppen von Belegschaftgen Analysen durchzuführen, die Ansatzpunkte für Maßnahmen bieten.

5.7 Deutscher Industrie- und Handelskammertag

Sabine Jesierski, Mitarbeiterin Personal und Organisation, Deutscher Industrie- und Handelskammertag (DIHK) Bei unseren Gesundheitstagen bieten wir immer wieder verschiedene Themen an, im letzten Jahr war das Thema „Gesunder Schlaf" dabei. Gesunder Schlaf ist direkt ansonsten in unserem betrieblichen Gesundheitsmanagement kein Thema. Wir hatten es lediglich für diesen Tag einmal besonders „herausgepickt", weil man auch aus eigener Erfahrung weiß, wie zermürbend Nächte ohne genügend Schlaf, mit Unterbrechungen bzw. mit Einschlafstörungen sein können. Die Schlafakademie Berlin hat in theoretischen Kurz-Vorträgen und in Einzelberatungen viel Wissenswertes und Interessantes zum Thema Schlaf vermittelt. Sofern Handlungsbedarf für weiterführende Behandlungen gesehen wurde, haben die Experten auch darauf hingewiesen und Kontaktadressen vermittelt. Für die Eltern unter unseren Mitarbeitern wurde auch auf das Thema Schlaf und Pubertät eingegangen, was das Verständnis für den morgens nicht aus dem Bett kommenden Teenager sehr gefördert hat. Das Thema insgesamt wurde gut angenommen. Wie immer es aber jedem selbst überlassen, was er mit dem vermittelten Wissen anstellt.

Gesunder Schlaf ist ja sehr eng mit dem Thema Stress verbunden… Wenn man einen stressigen Tag hatte, gelingt es unter Umständen schlechter abends zur Ruhe zu kommen. Oft nimmt man auch die „falschen" Hilfsmittel zum Abschalten, wie ein schönes Glas Wein oder ein gutes Essen. Insofern ist das Thema Schlaf auch immer mit den Themen Entspannung und Stressmanagement in Verbindung zu sehen, die wir bei jedem Gesundheitstag sowie auch bei Gesundheitsseminaren immer wieder anbieten.

Adressen

Deutsche Akademie für Gesundheit und Schlaf: www.dags.de
Deutsche Stiftung Schlaf: www.schlafstiftung.de/
Interdisziplinäres Schlafmedizinisches Zentrum der Charité: http://schlafmedizin.charite.de/
Interdisziplinäres Schlafmedizinisches Zentrum des Universitätsklinikums Gießen und Marburg: www.ukgm.de
Kompetenzzentrum Gesunder Schlaf: www.kompetenz-zentrum-gesunder-schlaf.de
Schlafakademie Berlin: www.schlafakademie.de
Schlafmedizinisches Zentrum der Diakonie Hamburg: www.d-k-h.de/Schlafmedizinisches.1130.0.html
Schlafmedizinisches Zentrum der TU München: www.schlafzentrum.med.tum.de
Schlafmedizinisches Zentrum des Universitätsklinikums Essen: www.schlafmedizin-essen.de/
Schlafschule Dreyer Hannover: www.schlaf-gesundheit-hannover.de/schlafen-lernen/schlafschule-christine-dreyer/
Schlafschule Freiburg: http://www.uniklinik-freiburg.de
Schlafschule Intersom Köln: www.intersom.de/de/unser-zentrum/schlafschule/
Schlafschule Prof. Zulley: www.zulley.de/aktivitaeten/seminare.html
Schlafschule Somnolab in Essen und Dortmund: www.somnolab.de/fuehrende-fachklinik/schlafschule/
Schlafschule Unna: www.schlafschule-unna.de

© Springer Fachmedien Wiesbaden 2015
E. Pohl, *Karrierefaktor guter Schlaf*, essentials,
DOI 10.1007/978-3-658-08440-0

Was Sie aus diesem Essential mitnehmen können

- Sie wissen jetzt, warum ausreichend Schlaf und eine gute Wach-Ruhe-Balance so wichtig für Ihre Gesundheit und Ihre berufliche Leistungsfähigkeit sind.
- Sie haben wichtige Schlafstörungen kennen gelernt und erfahren, wie sie sich äußern.
- Ihnen ist bekannt, wie sich schlechter oder fehlender Schlaf auf Ihre Leistungsfähigkeit am Tage auswirkt.
- Sie haben erfahren, wie Sie selbst zu einer guten Schlafbalance kommen, und können dazu beitragen, die Qualität Ihres Schlafes zu verbessern.
- Überlastung, Stress, fehlende Ruhepausen am Tage und ungenügender Abstand zu den beruflichen Aufgaben in der Freizeit sind einige Fehler, die Sie nun vermeiden können.

© Springer Fachmedien Wiesbaden 2015   47
E. Pohl, *Karrierefaktor guter Schlaf,* essentials,
DOI 10.1007/978-3-658-08440-0

Literatur

Deutsche Gesellschaft für Schlafforschung und Schlafmedizin. 2011. Patientenratgeber *Schlafprobleme bei Schichtarbeit*. www.dsgm.de. Zugegriffen: 25. Aug. 2014.

Fietze, Ingo. 2009. Leistung durch richtige Schlafkultur. *Spektrum der Wissenschaft* (Spezialheft 3):72–77.

Fietze, Ingo, und Thea Herold. 2006. *Der Schlafquotient*. Hamburg: Hoffmann und Campe.

Geißler, Karlheinz A. 2001. Entspannung durch kreatives Nichtstun. *Focus* 31:89

Meier, U. 2004. Das Schlafverhalten der deutschen Bevölkerung – eine repräsentative Studie. *Somnologie* 8:87–94.

Paulsen, Thomas. 2014. Tödliche Müdigkeit. *ADAC-Motorwelt* 2:44, 45.

Peter, Helga, Thomas Penzel, Jörg Hermann Peter, (Hrsg). 2007. *Enzyklopädie der Schlafmedizin*. Heidelberg: Springer Medizin Verlag.

Pollmächer, Thomas. 2009. Wie schlechter Schlaf körperlich krank macht. *Spektrum der Wissenschaft* (Spezialheft 3):20–25.

Robert-Koch-Institut, (Hrsg). 2005. Gesundheitsberichterstattung des Bundes. *Schlafstörungen* (27):8, 9.

Wahl, Dieter. 2014. Wie schläft ein LKW-Fahrer eigentlich? *Das Schlafmagazin* 1:46.

© Springer Fachmedien Wiesbaden 2015
E. Pohl, *Karrierefaktor guter Schlaf,* essentials,
DOI 10.1007/978-3-658-08440-0